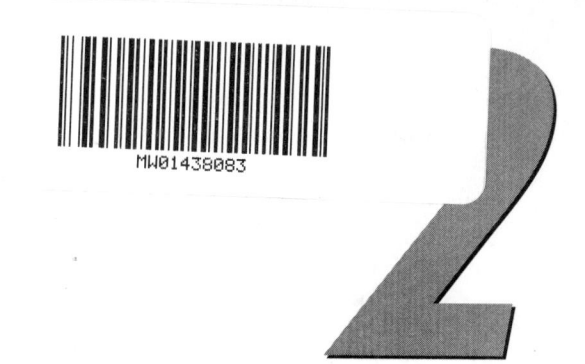

Escales 2
CAHIER D'EXERCICES

Méthode de français

JACQUES BLANC

JEAN-MICHEL CARTIER

PIERRE LEDERLIN

CLE
INTERNATIONAL

Édition : Marie-Christine Couet-Lannes

Maquette intérieure : Alinéa

Couverture : Daniel Musch

Iconographie : Janick Blanchard

Illustrations : Fersten

© CLE International/VUEF 2002
© CLE International/HER 2001
ISBN : 209-033157-7

AVANT-PROPOS

Le Cahier d'exercices de *ESCALES 2* – comme celui de *ESCALES 1* – fait partie intégrante du processus d'apprentissage mis en œuvre par le livre de l'étudiant : il en constitue un complément permettant la systématisation et le renforcement.

Le champ de chaque « unité » de la méthode (de l'unité 1 à l'unité 18) est ainsi élargi : une douzaine d'exercices en moyenne (compréhension/expression écrites et compréhension orale – dont des activités de discrimination phonétique) sont proposés. Comme pour le *Cahier 1*, certains types d'exercices se retrouvent plusieurs fois d'une unité à une autre, confortant les étudiants dans leur apprentissage.

Les solutions et corrigés (portant essentiellement sur l'apprentissage et l'acquisition du vocabulaire et de la grammaire) se trouvent à la fin du cahier, pour que l'étudiant puisse travailler plus efficacement en autonomie. D'autres types d'exercices (dont les « exercices d'écoute ») pourront être réalisés et évalués en situation de classe – individuellement ou en petits groupes. Pour les exercices d'écoute, la transcription qui se trouve en fin de cahier tient lieu de corrigé. Enfin, pour quelques exercices le corrigé n'est pas fourni, afin de permettre au professeur d'apprécier, en particulier, l'expression écrite « libre » des étudiants.

Les dernières pages du cahier présentent le lexique général, chaque entrée étant suivie du numéro de l'unité où elle apparaît pour la première fois. D'autre part, sous le titre « Quoi de neuf ? », le vocabulaire et la grammaire spécifiques à chaque unité sont placés en tête de la série correspondante d'exercices. Comme cela était déjà le cas dans le *Cahier 1*, aucun mot nouveau ou inconnu des étudiants n'apparaît dans les exercices par rapport à l'unité de référence et à celles qui précèdent.

Les exercices de *ESCALES 2* – comme ceux de *ESCALES 1* – ont été élaborés, après expérimentation, sur le double principe d'efficacité et de plaisir. D'une grande variété pour éviter l'ennui, ils sont un gage de réussite optimale pour les étudiants en même temps qu'un instrument d'évaluation fiable.

Les auteurs.

unité 1 — DES GOÛTS ET DES COULEURS

QUOI DE NEUF ?

(faire) attention (à), chaussette, chaussure, chemise, chemisier, cliché, communiquer, cravate, (ça m'est) égal, goût, (s')habiller, (avoir) horreur (de), (s')intéresser (à), international, jeans, jupe, lecture, loisir, manteau (de fourrure), mettre (un vêtement), mode, modèle, montrer, moyen (*adj.*), moyen (*nom*), nager, nécessaire, pantalon, parfum, pull, robe, selon, spectacle, stupide, suivre (la mode), taille, tee-shirt, veste

* *Fringues*, * *vachement*

• *Les pronoms démonstratifs* : celui-ci / celui-là, celui de…, celui qui… / celui que…, celui où…, ceux / celles

1. Complétez avec les verbes aux temps qui conviennent.

s'habiller, s'intéresser à, montrer, suivre, mettre, être, faire.

a. Est-ce que vous ………… toujours la mode ?

b. Vous vous ………… comment pour sortir ?

c. Pouvez-vous me ………… vos modèles ?

d. Moi, je ne ………… pas à la mode.

e. J'ai horreur de ………… les mêmes vêtements tous les jours.

f. Est-ce que tu ………… ta robe neuve pour la fête ?

g. Elle ne ………… jamais la mode : elle la ………… !

h. Pour moi, la danse ………… un moyen de communiquer.

i. Avec cette chemise, ………… plutôt cette cravate !

j. Je ne me suis jamais ………… à l'art.

k. Les Romains ………… très simplement.

l. Je n'ai pas aimé les cravates qu'elle m'a ………… .

2. Reliez.

a. Je vous pose — 6. une question.

b. Vous vous intéressez

c. Vous connaissez les

d. Apprendre les langues, c'est très

e. Quand je voyage, je fais très

f. Cinéma ou théâtre, ça m'est

g. C'est la petite plage

h. Pour moi, la chose la plus

1. goûts du « Français moyen » ?

2. attention à mes chaussures.

3. où j'ai passé mes dernières vacances.

4. à l'art moderne ?

5. vraiment égal.

6. une question.

7. importante dans la vie, c'est le sport.

8. important, à mon avis.

DES GOÛTS ET DES COULEURS

3. Complétez ces phrases avec :

celui où, celui-ci, celui-là, celle de, ceux où, ceux que, celles qui.

a. Ce restaurant, c'est .... nous allons déjeuner tous les dimanches.

b. Cette voiture, là, c'est .... mon frère.

c. De toutes vos photos, je préfère .... sont en noir et blanc.

d. De tous les films, ... je préfère sont .... il y a des acteurs jeunes.

e. Vous avez le choix entre ces deux menus : .... et ....

4. Complétez avec un mot interrogatif ou une expression interrogative.

a. .... vous voulez faire ce soir ?

b. .... est votre avis sur cette question ?

c. .... couleur était sa jupe ?

d. .... était celle de son chemisier ?

e. C'est .... ? Celui-ci ou celui-là ?

f. .... vous vous intéressez à la mode ?

5. Aidez cette candidate à gagner encore. Reliez lettres et chiffres.

a. C'est absolument   1. utile.

b. La mode est   2. moyen ?

c. Connaître les langues, c'est   3. noires.

d. Beaucoup de clichés sont   4. **nécessaire.**

e. Finalement, qu'est-ce que c'est le Français   5. simples.

f. Elle ne sort jamais sans ses lunettes   6. grises.

g. J'ai des goûts   7. internationale.

h. J'ai horreur des vestes   8. stupides.

DES GOÛTS ET DES COULEURS

6. Ce qui lui plaît et ce qui ne lui plaît pas : écrivez un petit texte à partir de ces éléments.

Elle [s'intéresser à…, adorer…, aimer passionnément…, avoir horreur de… etc.]

....
....
....
....
....
....
....
....
....

7. Mettez une croix devant l'expression qui correspond à la phrase initiale.

a. C'est un Français moyen, vous savez.
☐ C'est un Français de taille moyenne.
☐ C'est le Français typique.
☐ C'est un Français tranquille.

b. Ça leur est absolument égal.
☐ Ils trouvent que c'est inutile.
☐ Ils en ont horreur.
☐ Ce n'est pas du tout important pour eux.

c. Il n'est pas nécessaire d'en parler.
☐ On n'a pas besoin d'en parler.
☐ Ça nous est égal d'en parler.
☐ Il ne faut pas en parler.

d. C'est un moyen d'apprendre.
☐ C'est une possibilité d'apprendre.
☐ C'est nécessaire pour apprendre.
☐ Ça permet d'apprendre.

e. Je ne me rappelle pas ce qu'elle portait ce jour-là.
☐ J'ai oublié comment elle était habillée.
☐ J'ai oublié la couleur de ses vêtements.
☐ Je me demande ce qu'elle avait mis.

8. Chassez les intrus.

a. *Vêtements*: chemise, jeans, jupe, pull, lunettes, pantalon, robe, parfum, veste.

b. *Magasins*: acheter, choisir, s'habiller, nager, mettre, porter, suivre, changer, payer.

c. *Loisirs*: danser, lire, montrer, jouer, essayer, voyager, apprendre, se baigner, courir.

d. *Verbes*: suivre, montrer, chemisier, communiquer, s'intéresser, croire, loisir, choisir.

DES GOÛTS ET DES COULEURS

9. Masculin ou féminin ? Écoutez et mettez une croix (X).

	a.	b.	c.	d.	e.	f.	g.	h.	i.	j.
M	☐	☐	☐	☐	☐	☐	☐	☐	☐	☐
F	☐	☐	☐	☐	☐	☐	☐	☐	☐	☐

10. Qu'est-ce que vous entendez exactement ? Mettez une croix (X).

a. Elle a porté des lunettes. ☐
   Elle apportait des lunettes. ☐

b. J'aime bien manger. ☐
   J'aime bien nager. ☐

c. Je mets ce pantalon. ☐
   J'aimais ce pantalon. ☐

d. Il adore le vin. ☐
   Il adore le vent. ☐

e. C'est une horreur ! ☐
   C'est une erreur ! ☐

f. Est-ce qu'on a fait attention à ça ? ☐
   Est-ce qu'on fait attention à ça ? ☐

11. Devinettes. Écoutez et écrivez le mot.

a. ....   d. ....

b. ....   e. ....

c. ....   f. ....

12. Mettez une croix si vous entendez les mots suivants :

	a.	b.	c.	d.	e.	f.	g.	h.
c'est	☐	☐	☐	☐	☐	☐	☐	☐
cet	☐	☐	☐	☐	☐	☐	☐	☐
ces	☐	☐	☐	☐	☐	☐	☐	☐

13. Écoutez ce texte et écrivez les mots qui manquent.

« Vous voyez cet homme ? Oui, ..., devant vous, ... une .... rouge, un .... blanc et des .... noires ! Eh bien, c'est l'acteur du film : "............ voulait oublier". Mais oui, vous vous rappelez : .... Festival de Cannes, ... joue un journaliste qui fait une .... sur des gens très connus, ... monde de ...., vous savez bien : les grands couturiers, et qui utilise tous les .... possibles. Comment ? Ça vous .... ? Mon .... ne vous .... pas, peut-être ? Bon, eh bien, la prochaine fois, j'irai .... tout seul ! »

7

unité 2 — C'EST DOMMAGE

QUOI DE NEUF?

Aéroport, agence, amour, annonce, ascenseur, auto-stop, banlieue, bravo, bruit, ça y est!, centre-ville, chauffeur, circulation, client, climat, cuisine (*pièce*), déménager, différence, différent, donner sur, douche, étage, fenêtre, fermer, fumer, grave, immobilier, inadmissible, insupportable, logement, louer, loyer, mètre (carré), négatif, nombreux, nouvelle (*nom*), pareil, pièce (*salle*), positif, prix, protester, quartier, quitter, regrettable, (en) retard, salle à manger, salle de bains, salle de séjour, salon, scandaleux, station (bus, métro), supporter, surface, tout de suite, transport, vue, WC

* Brancher, * chouette!, * en avoir assez, * en avoir ras le bol

• Parce que / car, à cause de… / grâce à… • la même chose…, le / la même que…
• tant mieux / tant pis!

1. Complétez les phrases en conjuguant les verbes.

a. Ils .... (*déménager*) parce qu'ils en avaient assez du bruit des voisins.

b. Vous .... (*fumer*) beaucoup quand vous étiez jeune?

c. L'année prochaine, je .... (*louer*) un petit appartement quand ma fille entrera à l'université.

d. Vous verrez : ils .... (*ne pas protester*).

e. Ma région? Je l'................. (*quitter*) quand j'avais 12 ans!

f. Tu n'es pas sympathique : tu .... (*ne supporter jamais rien*).

g. Vous connaissez la nouvelle qu'ils .... (*communiquer*) il y a une heure?

h. Hier, il .... (*ne pas mettre*) de cravate pour aller au bureau.

2. Complétez ce texte avec :

grâce à, à cause de, parce que, car, pareils, la même chose, différences, plutôt, ceux de / que.

.... il faisait très beau ce matin, j'ai décidé de faire une promenade en forêt. Mais c'est bien sûr « .... champignons que je suis sorti! J'ai pensé qu'il devait y en avoir beaucoup .... la pluie qui était tombée ces dernières quarante-huit heures. ...., vous le savez, j'adore les champignons. Si je les connais bien, c'est .... mon père qui m'a montré les bons et les mauvais quand j'étais jeune. Pour la plupart des gens, ils sont tous .... : ils ne voient pas les .... Et tous les ans, à l'automne, c'est .... Moi, quand je rencontre des familles en forêt, je leur montre .... ils doivent ramasser mais je leur conseille d'en acheter .... en ville : c'est plus sûr! Moi, bien sûr, je préfère "mes" champignons de "ma" forêt à .... la ville!»

8

C'EST DOMMAGE

3. Aidez ces deux personnes à faire de la publicité pour l'endroit où elles habitent.
(Utilisez tous les verbes et les adjectifs de la rubrique « Quoi de neuf » page 8.)

4. Barrez les mots inutiles.

a. Choisir celui-ci ou celui-là, c'est comme pareil.

b. Ça ne m'est pas égal, je préfère le train qu'à l'avion.

c. Grâce à à cause de la circulation et parce que de la pollution, je ferme toujours rarement mes fenêtres.

d. Vous avez la même pareille table que celle que j'ai à la maison chez moi.

e. Pour choisir décider un appartement, il faut regarder lire les petites annonces et réfléchir comparer les surfaces et les prix.

5. Écrivez le contraire, comme dans le modèle (d).

a. C'est absolument différent ! → ....

b. C'est la plus mauvaise nouvelle de l'année ! → ....

c. Ouvrez la fenêtre, il fait chaud ! → ....

d. Julie est positive. → Julie est négative.

e. Tant mieux pour eux ! → ....

f. Elle cherche encore un appartement. → ....

C'EST DOMMAGE

6. Écrivez de quatre façons différentes comment demander votre chemin (vous cherchez l'agence immobilière d'une petite ville).

a. .... ?

b. .... ?

c. .... ?

d. .... ?

7. Faites correspondre les questions et les réponses.

a. Pourquoi avez-vous choisi d'habiter à la campagne ?   1. Plutôt celle de droite.

b. Qu'est-ce que vous préférez : le centre-ville ou la banlieue ?   2. Si, et c'est regrettable.

c. Quelle est celle qui vous plaît le plus ?   3. Malheureusement, non.

d. C'est la même chose, non ?   4. Parce que c'est plus tranquille.

e. Ce n'est pas grave, n'est-ce pas ?   5. C'est à cause de ça que je vais déménager.

f. C'est absolument insupportable, vous ne croyez pas ?   6. Désolé, pour moi ce n'est pas pareil.

g. Il y a un ascenseur dans ton immeuble ?   7. Vous exagérez !

h. Vous n'en avez pas assez du bruit ?   8. Moi, ça m'est égal.

8a. Qui a écrit ce texte ? Cochez la bonne case.

« J'ai loué un appartement au centre-ville à cause des moyens de transport plus pratiques pour mon travail. Il me coûte plus cher que la petite maison de banlieue où je vivais avant. Ma vie est très différente ici. Mais je ne supportais plus de passer mon temps dans les bus, matins et soirs. Je suis maintenant beaucoup moins fatiguée, même après une journée de travail. Tant mieux pour moi : la santé, c'est important. »

        un homme ☐   **une femme** ☐   **on ne sait pas** ☐

b. Remplacez « je » par « nous ».

Nous avons loué ....

....

....

....

....

....

....

....

C'EST DOMMAGE

9. Dans une agence immobilière. Écrivez un petit dialogue (au moins huit répliques) en utilisant les mots suivants (respecter l'ordre de ces mots) :

choix, appartement, même, étage, prix, différence, plus grand, belle vue, pas d'ascenseur, question de temps, expliquer, dans deux ans, décider, se payer.

....
....
....
....
....
....

10. Singulier ou pluriel ?

	a.	b.	c.	d.	e.	f.	g.	h.	i.	j.
S	☐	☐	☐	☐	☐	☐	☐	☐	☐	☐
P	☐	☐	☐	☐	☐	☐	☐	☐	☐	☐
?	☐	☐	☐	☐	☐	☐	☐	☐	☐	☐

11. Positif ou négatif ?

	a.	b.	c.	d.	e.	f.	g.	h.	i.	j.
P	☐	☐	☐	☐	☐	☐	☐	☐	☐	☐
N	☐	☐	☐	☐	☐	☐	☐	☐	☐	☐
?	☐	☐	☐	☐	☐	☐	☐	☐	☐	☐

12. Combien ? Remplissez la grille.

	surface	prix	téléphoner au…
a.	....	....	....
b.	....	....	....
c.	....	....	....
d.	....	....	....

13. C'est une question ou non ?

	a.	b.	c.	d.	e.	f.	g.	h.	i.	j.
OUI	☐	☐	☐	☐	☐	☐	☐	☐	☐	☐
NON	☐	☐	☐	☐	☐	☐	☐	☐	☐	☐

unité 3 — ILS NE PENSENT QU'À ÇA !

QUOI DE NEUF ?

Affirmer, (s'en) aller, annulé, certain (= sûr), chance, chef, collectionner, collectionneur, confortable, (le) contraire, courant (*adj.*), cuisine (art), douter de, essence, étonner, évidemment, évident, (par) exemple, fax, féliciter, fier, folie, gourmand, gourmet, grève, interviewer, match, modeste, obsédé, (en) panne, passion, passionné, poser (un problème), prendre (en photo), probablement, rare, recevoir, réussir, secret, sûrement, test, (se) vanter

* *Avoir du nez*

◆ Dans le fond..., en ce qui concerne..., il me semble que...

• Comme (*cause*)..., puisque...
• *Le discours indirect :* dire / répondre / affirmer que..., demander, ne pas savoir si... / qui... / où..., dire / demander / conseiller de... + *infinitif*

1. Complétez ce texte en conjuguant les verbes.

« Hier, vous m'.................. (*affirmer*) que vous .... (*collectionner*) des photos anciennes et rares. J'ai pensé que vous .... (*se vanter*). Ça me .... (*poser*) un problème, car je .... (*croire*) que j'.................. (*être*) le seul dans cette spécialité. Mais je .... (*devoir*) reconnaître qu'en ce qui .... (*concerne*) la photo ancienne, votre collection m'.................. (*étonner*) beaucoup. Je vous .... (*féliciter*) volontiers. Vous .... (*devoir*) sûrement être fier d'avoir .... (*réussir*) ce projet. Vous .... (*ne pas protester*) si je vous .... (*prendre en photo*) devant votre collection, non ?! »

2. Complétez ce texte en utilisant « puisque » ou « comme ».

« .... les bus et le métro étaient en grève, j'ai dû aller au bureau à pied. Je n'avais pas le choix .... les taxis eux aussi étaient en grève. .... c'était un lundi, je n'étais pas très content et .... il pleuvait et ...., en plus, je n'avais pas de parapluie, ce n'était vraiment pas amusant. Bon, mais .... il fallait y aller, ça ne changeait rien de se plaindre. Et ça m'a rappelé cette vieille chanson du temps de Napoléon III :

« *Lundi matin, l'Empereur, sa femme et le petit Prince*	*Le petit Prince a dit :*
Sont venus chez moi pour me serrer la* pince[1].	" .... *c'est ainsi,*
.... *j'étais parti,*	*Nous reviendrons mardi."*

ILS NE PENSENT QU'À ÇA !

Et .... la personne en question n'était jamais là, la chanson se terminait, le dimanche matin, par :

> ".................. c'est ainsi,
> Nous ne reviendrons plus !" »

J'aime bien cette chanson car c'est ma grand-mère qui me l'a apprise. Et ...., grâce à elle, je marchais vite sans penser à autre chose, je suis arrivé au bureau en moins de dix minutes ! Malheureusement pour moi, le Directeur était là aussi. Quand il m'a vu, il m'a dit : « .... vous êtes là, vous allez m'aider à finir un travail important. .... vous êtes en retard d'habitude, j'ai rarement le plaisir de vous rencontrer. Et .... il n'y a plus de transports possibles, on va passer une bonne journée ensemble, vous et moi ! ». Et .... personne d'autre n'est venu au bureau ce jour-là à cause de la grève, je suis rentré chez moi à minuit ! »

1. *me serrer la pince* : me dire bonjour.

3. Complétez cet extrait d'interview avec :

de, d', où, que, si, n'..., que, qu'..., ce que, ce qui.

« Pardon ? Ah, vous me demandez .... je vais souvent au cinéma ? En .... me concerne, je .... y vais .... une fois par mois. Vous voulez savoir aussi .... je vais et .... je fais les jours de la semaine ? Eh bien, ma femme dit toujours .... je travaille trop et mon médecin me conseille .... me reposer plus souvent et même .... arrêter de travailler trois mois par an. Et moi, je peux vous demander .... vous êtes content de faire .... vous faites ? »

4. Quand on prononce, c'est la même chose ; mais ça ne s'écrit pas pareil ! Complétez, comme dans le modèle.

Ex. : aussi / *Oh si !*

a. fond / ....   b. nez / ....   c. car / ....   d. mettre / ....

e. vue / ....   f. même / ....   g. ben / ....   h. prix / ....

5. Trouvez et écrivez des expressions ou des mots équivalents.

a. J'ai horreur de ça. → ....

b. L'art, ça me plaît. → ....

c. Quels sont vos goûts ? → ....

d. Qu'est-ce que vous mettez comme vêtements d'habitude ? → ....

ILS NE PENSENT QU'À ÇA !

e. Je m'en vais. → ....

f. C'est certain. → ....

g. Bien sûr. → ....

h. C'est insupportable ! → ....

6. Mettez une croix devant la bonne réponse.

a. Vous vous en allez bientôt ?
   Ce n'est pas évident. ☐
   Personne n'y va. ☐
   Dans dix minutes. ☐

b. Est-ce que c'est confortable ?
   C'est ancien. ☐
   Oui, très. ☐
   C'est en panne. ☐

c. Vous collectionnez tous ces trucs-là ?
   C'est une passion. ☐
   C'est le contraire. ☐
   Ça m'étonnerait. ☐

d. Votre passion, c'est quoi ?
   La panne. ☐
   La cuisine. ☐
   La folie. ☐

e. Il est évident qu'il se trompe, n'est-ce pas ?
   Je crois qu'il se trompe. ☐
   Il se trompe probablement. ☐
   Il se trompe, c'est certain. ☐

f. Je ne sais pas si c'est bien clair pour vous…
   Ça va, non ? ☐
   Tout le monde comprend ça… ☐
   Je crois que vous en doutez… ☐

7. Un coureur modeste. a. Complétez les phrases dans les bulles.

① Vous avez gagné le « Contre la montre ». Bravo ! Je vous .... !

② Je ne vais pas dire le ....

③ Vous êtes .... d'avoir .... , non ?

④ Oh, j'étais .... de gagner !

⑤ Vous ne vous .... pas un peu, là ?

⑥ Non, ... je gagne toutes mes courses.

⑦ Vous avez aussi beaucoup de .... !

⑧ Non, je ne .... jamais de moi.

ILS NE PENSENT QU'À ÇA !

b. Faites maintenant le récit de cette interview.

Le journaliste a félicité le champion qui a gagné le « Contre la montre ». Le champion a répondu qu'il

....

....

Le journaliste lui a demandé ....

....

....

Le coureur a affirmé ....

....

....

8. Le verbe est à l'infinitif ?

	a.	b.	c.	d.	e.	f.	g.	h.	i.	j.
OUI	☐	☐	☐	☐	☐	☐	☐	☐	☐	☐
NON	☐	☐	☐	☐	☐	☐	☐	☐	☐	☐

9. C'est un verbe ?

	a.	b.	c.	d.	e.	f.	g.	h.	i.	j.
OUI	☐	☐	☐	☐	☐	☐	☐	☐	☐	☐
NON	☐	☐	☐	☐	☐	☐	☐	☐	☐	☐

10. Mettez une croix si vous entendez :

	a.	b.	c.	d.	e.	f.	g.	h.	i.	j.
c'est	☐	☐	☐	☐	☐	☐	☐	☐	☐	☐
cet	☐	☐	☐	☐	☐	☐	☐	☐	☐	☐
ces	☐	☐	☐	☐	☐	☐	☐	☐	☐	☐

11. Écoutez et mettez une croix.

	Ils en ont horreur	Ça leur est égal	Ils sont passionnés		Ils en ont horreur	Ça leur est égal	Ils sont passionnés
a.	☐	☐	☐	e.	☐	☐	☐
b.	☐	☐	☐	f.	☐	☐	☐
c.	☐	☐	☐	g.	☐	☐	☐
d.	☐	☐	☐	h.	☐	☐	☐

unité 4 — ILS SE DISPUTENT, MAIS C'EST LA VIE...

QUOI DE NEUF ?

Ainsi, (s')arrêter, blesser, cadeau, (se) calmer, chat, (en) colère, crier, discuter, dispute, (se) disputer, divorcer, excessif, excuse, extraordinairement, (au) fait, glace (= miroir), heureusement, hurler, idiot, imbécile, (ce) jour (-là), menace, mentir, (se) mettre (en colère), meuble, (s'en) moquer, mot, partie, (avoir) peur, préférence, prévenir (que), (en) privé, (en) public, rencontre, reste, revoir, scène (de ménage), (se) souvenir (de), (se) terminer, tête, trouver (que), vulgaire

* S'en ficher, * espèce de... !, * minable !, * pauvre type !

• Le plus-que-parfait • les pronoms possessifs
• La double négation : ne... jamais plus / ne... jamais personne / ne... jamais nulle part / ne... plus rien • la négation : ni... ni...

• Se mettre à... / arriver à... / obliger à... + infinitif

1. Reliez.

a. Je n'irai au bureau   1. jamais rien ici.
b. Je ne le ferai   2. plus jamais peur.
c. Des meubles comme ceux-là, tu 3. jamais plus.
d. Il ne se passe   4. chez moi.
e. Je te préviens que tu ne   5. rien dit.
f. Vous n'aurez   6. ni aujourd'hui, ni demain.
g. Il ne m'a jamais   7. trouveras plus rien après mon départ.
h. Personne ne vient   8. n'en as jamais vu nulle part.
i. J'ai tout perdu, donc   9. je n'ai plus rien.

2. Complétez cette histoire selon le modèle en utilisant le plus-que parfait.

Ex. : Hier, je suis arrivé à l'hôtel. .... (*réserver*) une semaine avant.
→ *J'avais réservé une semaine avant.*

a. « – Tu étais fatiguée hier soir à la fête, non ? – C'était parce que j'.................. (*venir*) à pied.

b. – Et pourquoi tu .... (*ne pas prendre*) ta voiture ? – Parce que ma voiture .... (*tomber en panne*).

c. – Et pourquoi donc ? – Parce que j'.................. (*oublier*) d'y mettre de l'essence la veille.

d. – Et pourquoi est-ce que tu .... (*ne pas y mettre*) d'essence ? – Parce que je .... (*ne pas avoir*) le temps de passer à la banque.

e. – Et pourquoi ? – Parce que j'............... (*devoir*) terminer un projet au bureau jusqu'à 19 heures.

f. – D'accord, mais pourquoi tu n'avais pas d'argent du tout ? – Parce que j'............... (*donner*) à mon frère jusqu'à ma dernière pièce. – Mais pourquoi ? – Oh, arrête, tu m'énerves avec tes questions idiotes ! »

3. Faites-les parler ! Continuez la liste : écrivez ce qu'ils peuvent dire (au moins cinq phrases).

– Espèce d'imbécile !

– ....
– ....
– ....
– ....
– ....

– Je suis très heureuse de vous voir…

– ....
– ....
– ....
– ....
– ....

4. Récrivez ce récit au passé (François se rappelle… quelques années plus tard).

« Maintenant, j'ai le nouveau DVD* de mon acteur préféré. Je l'ai acheté hier. J'ai tout de suite trouvé le film formidable quand il est sorti au cinéma. C'est ma copine Zoé qui m'a parlé du DVD. Elle a vu la publicité dans un magasin. Elle m'a donc téléphoné la bonne nouvelle. Vous me connaissez : je n'ai pas pu attendre. Je suis sorti de chez moi sans réfléchir. J'ai été le premier client ; après, ça a été une vraie folie : tout le monde voulait acheter le DVD. Ça n'a pas été facile pour moi de sortir du magasin. En un quart d'heure, il n'y a plus eu un seul DVD à vendre ! »

→ *Ce jour-là, j'avais le nouveau DVD* ....

....
....
....
....
....
....

* DVD : vidéo-disque.

ILS SE DISPUTENT, MAIS C'EST LA VIE...

5. Complétez ces phrases avec un pronom possessif.

a. Comme votre voiture est en panne, prenez donc .... Tenez, voilà mes clés.

b. Il y avait beaucoup d'appartements à vendre ; mes amis ont donc acheté .... très vite.

c. J'ai pris mon parapluie, mais je ne sais pas si Michèle a pris ....

d. C'est votre avis, d'accord, mais pas .... : elles pensent que vous êtes excessif.

e. On devrait se communiquer nos adresses électroniques. Voilà .... ; je peux avoir .... ?

f. Non, pas d'accord avec toi ! Ça, c'est ma table, ..., c'est celle-là.

6. Imaginez des petits dialogues comme dans le modèle.

Ex. : se disputer
– Je n'ai plus envie de me disputer avec toi.
– Moi non plus, c'est fatigant et inutile.

a. se moquer de – ....
– ....

b. se mettre en colère – ....
– ....

c. ne plus se souvenir de rien – ....
– ....

d. mentir – ....
– ....

7. Double sens. Faites deux phrases différentes avec le même verbe.

a. mettre : ....
   mettre : ....

b. arrêter : ....
   arrêter : ....

c. trouver : ....
   trouver : ....

d. aller : ....
   aller : ....

ILS SE DISPUTENT, MAIS C'EST LA VIE...

8. Dites à peu près la même chose d'une autre manière, comme dans le modèle.

Ex. : Je n'ai pas peur de vous. → *Vous ne me faites pas peur.*

a. Restez calme ! → ....

b. Ça lui est égal. → ....

c. Je ne m'en souviens plus. → ....

d. Elle s'est mise à crier très fort. → ....

e. Ils ne sortent jamais. → ....

9. Qu'est-ce que vous entendez exactement ?

a. Ça s'est fait ainsi. ☐   e. Elle s'est mise à côté. ☐
    Ça s'est fait aussi. ☐   Elle s'est mise à compter. ☐

b. Je suis arrivé à la sortir. ☐   f. Je lui écris un mot. ☐
    Je suis arrivé à la sortie. ☐   Je lui crie un mot. ☐

c. Il se présente et s'excuse. ☐   g. Ce cadeau, c'était le leur. ☐
    Il présente ses excuses. ☐   Ces cadeaux, c'étaient les leurs. ☐

d. J'ai peur de le faire. ☐   h. Il a vu Le Caire. ☐
    J'ai pu le faire. ☐   Il est vulgaire. ☐

10. Mettez une croix sous le verbe que vous entendez.

	a.	b.	c.	d.	e.	f.	g.	h.	i.
s'arrêter	☐	☐	☐	☐	☐	☐	☐	☐	☐
se disputer	☐	☐	☐	☐	☐	☐	☐	☐	☐
se souvenir	☐	☐	☐	☐	☐	☐	☐	☐	☐
se mettre	☐	☐	☐	☐	☐	☐	☐	☐	☐
s'en aller	☐	☐	☐	☐	☐	☐	☐	☐	☐
se calmer	☐	☐	☐	☐	☐	☐	☐	☐	☐

11. Écrivez les pronoms possessifs que vous entendez.

....

....

....

....

....

unité 5 — C'EST BON DE RÊVER UN PEU !

QUOI DE NEUF ?

(s')apercevoir (de / que), billet, car (= bus), célèbre, chacun, compétent, compte (en banque), créer, déclaration (d'amour), dépenser, destin, domestique, drôle (= amusant), également (= aussi), (s')énerver, entreprise, excellent, garçon (café / restaurant), idéal, imaginer, (s')imaginer, (n')importe (comment), intelligent, intuition, invité, limite, lit, (gros) lot, (le) Loto, loterie, national, pauvre, plein, posséder, prêt, rater (le bus), recommencer, réfrigérateur, réponse, résultat, rêve, (se) réveiller, rêver, revue, robot, silence, sondage, statistique, supposer, surtout, (se) tromper (de), vitrine, (au) volant (de)

* *Garder les pieds sur terre*, * *un type* (= quelqu'un, un homme)

• *Le conditionnel* • *l'hypothèse avec « si... »*
• *La supposition* : croire que..., supposer que..., il est probable / vraisemblable que..., sans doute, devoir (+ *infinitif*)

1. Au théâtre. Écrivez au futur (A), puis au conditionnel (B) les rôles donnés aux acteurs.

A

« Toi, tu .... (*être*) le directeur.

Elle, elle .... (*faire*) la secrétaire.

Lui, il .... (*se mettre en colère*)

et .... (*crier*) des mots vulgaires,

toutes les trente secondes.

Vous, vous .... (*jouer*) les clients étrangers.

Eux, ... (*cliquer*) comme des fous

sur leurs ordinateurs.

Et moi, j'.................. (*aller*) vous écouter dans

la salle et je .... (*prendre*) des photos.

B

Toi, tu ....

....

....

....

....

....

....

....

....

2. Donnez des conseils. Transformez ces phrases suivant le modèle.

Ex. : Vous avez des problèmes de santé ? Allez chez le médecin !
→ *Vous devriez aller chez le médecin. / Si j'étais vous, j'irais chez le médecin.*

a. Il boit trop de café / Boire du thé

→ ....

b. Il est déjà 8 heures / Se réveiller plus tôt

→ ....

C'EST BON DE RÊVER UN PEU !

c. Tu n'aimes pas l'avion ? / Prendre le train

→ ....

d. Il neige et vous êtes en voiture / Faire attention

→ ....

3. Faites des suppositions (écrivez-les).

L'un des deux automobilistes n'a sans doute pas vu le feu rouge… Continuez en utilisant : *croire que…* ; *il est probable que…* ; *devoir*, etc. (quatre phrases au moins).

– ....
– ....
– ....
– ....
– ....

4. S'il changeait, dites comment il serait… Continuez le texte.

Être en bonne santé / courir vite / faire du vélo / ne boire que de l'eau / manger peu / dormir beaucoup / ne pas rester toujours devant la télévision à regarder les sports / être heureux… »

S'il changeait, il serait en bonne santé ....
....
....
....
....
....

C'EST BON DE RÊVER UN PEU!

5. Aidez cette jeune fille à rêver : mettez les verbes au conditionnel.

« Je serais grande et belle ; j'........................ (*avoir*) beaucoup d'argent et je .... (*devenir*) actrice, une actrice qui .... (*jouer*) seulement quand elle en .... (*avoir envie*). Tout le monde .... (*vouloir*) me connaître et me .... (*trouver*) extraordinaire. Je .... (*partir*) souvent en voyage et les gens me .... (*demander*) des autographes. J'........................ (*aller*) tous les jours au restaurant, je .... (*pouvoir*) acheter des voitures de rêve ; je .... (*prendre*) l'avion toutes les semaines. Oui, mais est-ce que je .... (*être*) vraiment heureuse ? »

6. Faites des phrases complètes au conditionnel comme dans le modèle (a-3) en variant les personnes.

a. choisir   1. célèbre → ....
b. gagner   2. de ton erreur → ....
c. devenir   3. une voiture de sport rouge → *Il choisirait une voiture de sport rouge.*
d. créer   4. le plus beau projet du monde
                         → ....
e. s'apercevoir   5. la grande ville pour vivre à la campagne
                         → ....
f. faire la cuisine   6. la plus grosse entreprise de la région
                         → ....
g. imaginer   7. et moi, je recevrais les invités → ....
h. quitter   8. le match → ....

7. Faites des hypothèses (« si » + imparfait, conditionnel), comme dans le modèle.

Ex. : dormir / être fatigué(e)
   → *Si vous dormiez mieux, vous ne seriez pas aussi fatigué(e).*

a. gagner / changer   → ....
b. prendre / aller   → ....
c. donner / pouvoir   → ....
d. se réveiller / rater   → ....
e. s'énerver / avoir   → ....
f. garder / dépenser   → ....

C'EST BON DE RÊVER UN PEU !

8. Écrivez les quatre suppositions qu'il fait.

....
....
....
....
....
....
....
....
....
....
....

9. Sûr ? Pas sûr ? Mettez une croix.

	a.	b.	c.	d.	e.	f.	g.	h.	i.	j.
sûr	☐	☐	☐	☐	☐	☐	☐	☐	☐	☐
pas sûr	☐	☐	☐	☐	☐	☐	☐	☐	☐	☐

10. Futur ou conditionnel ?

	a.	b.	c.	d.	e.	f.	g.	h.	i.	j.
F	☐	☐	☐	☐	☐	☐	☐	☐	☐	☐
C	☐	☐	☐	☐	☐	☐	☐	☐	☐	☐

11. Conditionnel ? Mettez une croix.

	a.	b.	c.	d.	e.	f.	g.	h.	i.	j.
OUI	☐	☐	☐	☐	☐	☐	☐	☐	☐	☐
NON	☐	☐	☐	☐	☐	☐	☐	☐	☐	☐

12. Qu'est-ce que c'est ? Devinez et écrivez ici la réponse.

C'est une ....

unité 6 — ILS SE CROIENT TOUT PERMIS !

QUOI DE NEUF ? Adulte, aîné, (être) à l'heure, avoir raison, autoritaire, conflit, consommateur, cousin, (se) croire, défaut, (se) dépêcher, exiger, (faire) exprès (de), fin, génération, hors (de question), interrompre, leçon, lettre, liste, monnaie, obéir, obligation, obligatoire, oncle, (se) permettre (de), place (assise), poison, préparer, qualité, réduction, rendre, respecter, sévère, souhaiter, strictement, tante, (tout le) temps, tendresse, timbre

- Autoriser à… / défendre de… / interdire de… + *infinitif*
- *Les doubles pronoms* (1) : me, te, lui… / le, la, les…
- *Le subjonctif*

1. Transformez ces phrases comme dans le modèle.

Ex. : Vous devez le faire. → *Il faut que vous le fassiez.*

a. Elle doit y réfléchir. → ....

b. On doit y aller. → ....

c. On doit pouvoir le faire. → ....

d. C'est une chose que vous devez savoir. → ....

e. Vous devez obéir sans discuter. → ....

f. Ils doivent être sévères. → ....

2. Transformez les phrases comme dans le modèle.

Ex. : Il faut vraiment que je m'en aille. → *Je dois vraiment m'en aller.*

a. Il vaut mieux que nous partions maintenant. → *Nous devons* ....

b. Il est nécessaire qu'elle ait son bac cette année. → ....

c. Mon oncle veut que je prenne le train. → ....

d. Il ne faut pas que vous écriviez autant. → ....

e. Il vaut mieux que nous soyons prêts à 7 heures. → ....

f. Je voudrais que tu te souviennes… → ....

g. J'aimerais qu'elle suive des leçons de maths. → ....

h. Il faut que nous interrompions la conférence. → ....

ILS SE CROIENT TOUT PERMIS !

3. Écrivez six autres dialogues comme celui du modèle avec la première amorce de réplique donnée.

Ex. : – *Il faut qu'il fasse ce message.*
– *Pourquoi ?*
– *Parce que le chef veut qu'il le fasse.*
– *Ah, alors on peut être sûr qu'il le fera.*

a. aller à l'exposition
– ....
– ....
– ....
– ....

b. créer un questionnaire
– ....
– ....
– ....
– ....

c. recevoir les invités
– ....
– ....
– ....
– ....

d. inscrire les nouveaux clients
– ....
– ....
– ....
– ....

e. réussir le projet
– ....
– ....
– ....
– ....

f. interrompre les travaux
– ....
– ....
– ....
– ....

4. Au contraire ! Utilisez le subjonctif comme dans le modèle.

Ex. : Je crois que c'est juste. → *Au contraire, je ne crois pas que ce soit juste.*

a. Je suis absolument sûre que ça leur plaira. → ....

b. Je peux affirmer qu'ils sont prêts à vendre. → ....

c. Il me semble que vous faites une erreur. → ....

d. Elle a sans doute demandé l'avis du chef. → ....

e. Il est très probable qu'on interdira l'entrée du magasin. → ....

f. Ils se plaindront sûrement ! → ....

ILS SE CROIENT TOUT PERMIS !

5. Écrivez au moins quatre « interdictions » en utilisant le subjonctif, comme dans le modèle.

Ex. : *Il ne faut pas que vous tourniez ici : vous devez continuer tout droit.*

– ....
– ....
– ....
– ....
– ....
– ....
– ....

6. Répondez comme dans le modèle en remplaçant les parties soulignées par un pronom.

Ex. : Ils ont montré ces appareils aux clients ? → *Oui, ils les leur ont montrés.*

a. Elle a traduit la lettre à son chef ? → ....

b. Tu as donné mon message à la secrétaire ? → ....

c. Vous avez posé la question aux ingénieurs ? → ....

d. On téléphone la nouvelle aux parents ? → ....

e. Il va falloir qu'elle explique la différence aux vendeurs. → ....

f. Il faudrait que vous fassiez la réponse pour notre cliente anglaise. → ....

7. Faites comme eux. Retrouvez dans B une phrase de même sens qu'en A.

A	B
a. Il me le permet.	1. Il nous en a parlé.
b. Il nous le défend.	2. Il me le recommande.
c. Il me l'a pris.	3. Il nous l'interdit.
d. Il nous l'a dit.	4. Il me l'a hurlé.
e. Il me l'a crié très fort.	5. Il s'en souvient.
f. Il me le conseille.	6. Il me l'a acheté.
g. Il me le faut.	7. Il m'y autorise.
h. Il se le rappelle.	8. J'en ai besoin.

8. Ne répétez pas : utilisez les pronoms et mettez les verbes à l'impératif, comme dans le modèle.

Ex. : Nous montrons nos photos à tes amis ? → *Non, ne les leur montrez pas !*

a. Je vous apporte votre message ? → Non, ...

b. Je te lis ce test ? → Non, ...

c. Je vous raconte ce qui m'est arrivé ? → Non, ...

d. Nous leur expliquons la nouvelle décision ? → D'accord, ...

e. Je te présente mes nouveaux amis ? → D'accord, ...

f. Nous faisons le meilleur change aux touristes ? → D'accord, ...

9. Autoritaire ? Mettez une croix.

	a.	b.	c.	d.	e.	f.	g.	h.	i.	j.	k.	l.
OUI	☐	☐	☐	☐	☐	☐	☐	☐	☐	☐	☐	☐
NON	☐	☐	☐	☐	☐	☐	☐	☐	☐	☐	☐	☐

10. Indicatif ou subjonctif ?

	a.	b.	c.	d.	e.	f.	g.	h.	i.	j.
Ind.	☐	☐	☐	☐	☐	☐	☐	☐	☐	☐
Subj.	☐	☐	☐	☐	☐	☐	☐	☐	☐	☐

11. Qu'est-ce que vous entendez exactement ?

a. Il faudrait que vous alliez faire vos courses. ☐
   Il faudrait que vous alliez faire vos cours. ☐

b. Il a tout faux. ☐
   Il a tous les défauts. ☐

c. Elle apprend sa leçon de maths. ☐
   Elle apprend la leçon de maths. ☐

d. À la fin. ☐
   Elle a faim. ☐

e. Je le défends. ☐
   Je les défends. ☐

f. Ils me l'ont rendu(e). ☐
   Ils me l'ont vendu(e). ☐

g. Il est l'aîné de notre famille. ☐
   Il est né dans notre famille. ☐

h. Elle est arrivée à l'heure. ☐
   Elle est arrivée alors. ☐

unité 7 — QUELLE ÉPOQUE !

QUOI DE NEUF ?

Affaire, (s')arranger, article, automobile, avenir, certains, chiffre, chômage, communication, consommation, constater, craindre, crainte, directeur, époque, espérer, espoir, (s')étonner, événement, fait (*nom*), fleur, futurologue, inflation, (s')inquiéter, lent, mettre (= donner), monde, net (*adj.*), parmi, personnellement, (le) pire, pourtant, pourvu que, prévoir, (à) propos, quand même, rassurer, (se) rendre compte de, rôle, sensible, sinon, voici

* Bah !

- *Les doubles pronoms* (2) : moi, en, y
- *Présenter une évolution* (1) : augmenter / diminuer (une augmentation / une diminution) ; baisser (une baisse) ; rester stable (la stabilité) ; remonter / redescendre

1. Écrivez la réponse (positive) en utilisant les doubles pronoms comme dans le modèle.

Ex. : Vous achetez des poissons à la vendeuse ? – *Oui, je lui en achète / nous lui en achetons.*

a. Vous posez toujours des questions au directeur ? – ....

b. Tu ne me donnes pas de tarte ? – ....

c. Tu as pris des billets de loterie ? – ....

d. Et tous les mois, il apportait des fleurs aux secrétaires ? – ....

e. Il a interdit l'entrée du magasin aux chiens ? – ....

f. Cette cliente a créé des problèmes au vendeur ? – ....

2. Ne répétez pas : utilisez les pronoms et mettez les verbes à l'impératif, comme dans le modèle.

Ex. : Je vous apporte de la tarte ? – *Non, ne m'en apportez pas / D'accord, apportez-m'en.*

a. Je vous apporte des statistiques ? – ....

b. Je pourrais vous parler de nos résultats ? – ....

c. Pouvons-nous demander des vacances au directeur ? – ....

d. Les choses vont mieux ; je vous donne des chiffres ? – ....

e. Je lui mets un peu de confiture sur son pain ? – ....

f. J'achète du pain pour la voisine ? – ....

3. Écrivez ce qu'ils ne feront pas à cause de la grève des pilotes (au moins cinq phrases).

Ex. : [Tour Eiffel] – *Si ça continue comme ça, il/elle n'y montera pas !*
Je crains qu'il/elle n'y monte pas.

4. Retrouvez dans B une phrase de même sens qu'en A.

A

a. Pourvu que ça marche !

b. Vous avez toutes les chances de réussir.

c. Si seulement ça réussissait !

d. De quoi avez-vous peur ?

e. Je n'ai pas très bon espoir.

f. Tout se passera bien.

B

1. Il faut vraiment que ça réussisse !

2. Il n'arrivera rien que de positif.

3. Je ne suis pas très optimiste.

4. Tous les espoirs vous sont permis.

5. Si ça pouvait marcher…

6. Qu'est-ce que vous craignez ?

5. Écrivez le contraire, comme dans le modèle.

Ex. : Il ne s'inquiète jamais. → *Il a toujours peur.*

a. Il y a de quoi espérer. →

b. Ça ne s'arrange pas. →

c. Tout est permis. →

d. Il n'y a personne. →

e. Son argent ? Il me l'a refusé. →

f. Il trouve tout normal. →

QUELLE ÉPOQUE !

6. Écrivez le nom qui correspond au verbe.

a. baisser → ....
b. augmenter → ....
c. diminuer → ....
d. obliger → ....
e. interrompre → ....
f. défendre → ....
g. réveiller → ....
h. rêver → ....
i. retourner → ....
j. communiquer → ....
k. craindre → ....
l. espérer → ....

7. Continuez son récit.

JE VAIS EXPLIQUER POURQUOI TOUT C'EST ARRANGÉ POUR MOI.

PROMO SUR LES NOIX DE COCO

8. Reconstituez chaque réplique de cette conversation, en respectant la ponctuation et les majuscules.

a. pas / quelle / époque / trouvez / drôle / d' / ne / vous
....

b. mieux / pourquoi / avant / c'était / dites- / ça / vous
....

c. temps / le / c'était / avant / bon
....

d. ça / avant / jeune / dites / vous / parce que / étiez / vous
....

e. de / prenait / vivre / temps / mais / mon / le / d'accord / justement / on / de / temps

....

f. beaucoup / maintenant / tout / plus / mais / confortable / est / pratique / et

....

g. j'aimerais / bah / la / bien / peut-être / laisse / rêver / moderne / temps / mais / le / vie / que / me / de

....

9. Singulier ou pluriel ?

	a.	b.	c.	d.	e.	f.	g.	h.	i.	j.	k.
S	☐	☐	☐	☐	☐	☐	☐	☐	☐	☐	☐
P	☐	☐	☐	☐	☐	☐	☐	☐	☐	☐	☐
?	☐	☐	☐	☐	☐	☐	☐	☐	☐	☐	☐

10. L'évolution des choses : écoutez et mettez une croix.

	↑	↓	=		↑	↓	=
a.	☐	☐	☐	f.	☐	☐	☐
b.	☐	☐	☐	g.	☐	☐	☐
c.	☐	☐	☐	h.	☐	☐	☐
d.	☐	☐	☐	i.	☐	☐	☐
e.	☐	☐	☐	j.	☐	☐	☐

11. Notez tous les chiffres et les nombres que vous entendez.

a. .... **d.** .... **g.** ....

b. .... **e.** .... **h.** ....

c. .... **f.** .... **i.** ....

12. Optimiste (1) ? Pessimiste (2) ? Ni l'un ni l'autre (3) ?

	1	2	3		1	2	3
a.	☐	☐	☐	f.	☐	☐	☐
b.	☐	☐	☐	g.	☐	☐	☐
c.	☐	☐	☐	h.	☐	☐	☐
d.	☐	☐	☐	i.	☐	☐	☐
e.	☐	☐	☐	j.	☐	☐	☐

unité 8 — OÙ EST-CE QUE ÇA VA FINIR ?

QUOI DE NEUF ?

Admettre, alcool, approuver, arrêt, avouer, consommer, contrôler, danger, dangereux, (se) demander, difficulté, entièrement, exprimer, garçon, (se) généraliser, immédiatement, indispensable, inquiétant, intoxication, intoxiqué, invention, marché, (bon) marché, (se) marier, méfiance, méfiant, (se) méfier, mémoire, nouveauté, offrir, (faire) partie (de), perdre, pire (que), polluer, produit, progrès, proportionnel, prudence, prudent, (en) réalité, risque, risquer, satellite, science, société (= entreprise), supprimer, technolologie, tout à fait, variation, varier, vieillir, vive !

- *La variation proportionnelle* (1) : d'autant plus / moins… que… ; de plus en plus / de moins en moins… ; plus / moins… ; à mesure que… ; en fonction de… ; dépendre de…
- *La concordance au passé : le conditionnel, futur du passé*

1. Mettez au passé et transformez les phrases comme dans le modèle.

Ex. : Je pense qu'ils perdront le match. → *J'ai pensé/Je pensais qu'ils perdraient le match.*

a. Il me dit qu'il n'admettra pas d'excuses de votre part. → ....

b. Vous me dites que vous vous marierez avant l'été ? → ....

c. Je suis sûre qu'on contrôlera nos passeports. → ....

d. Je sais que vous approuverez nos résultats. → ....

e. J'ai l'intuition qu'ils ne se méfieront pas. → ....

f. Je me demande toujours quand je me marierai. → ....

2. Complétez avec le bon verbe (cherchez dans le vocabulaire de l'unité).

a. J'................ volontiers que ce n'est pas simple.

b. Je le connais : il n'................ jamais qu'il a menti.

c. Mais non, je ne vous .... pas ! Je m'intéresse à ce que vous faites, c'est tout !

d. Ce qui est inquiétant avec notre époque, c'est que les catastrophes se .... et que les gens s'en moquent.

e. À cause de son accident, elle a .... la mémoire.

f. Être sportif, ça ne veut pas dire être prêt à .... sa vie.

g. Des vacances réussies ? Elles .... du temps qu'il fera et ça, ça .... selon les saisons.

3. Écrivez presque la même chose avec d'autres mots, comme dans le modèle.

Ex.: Je suis absolument d'accord avec vous. → *Je vous approuve entièrement.*

a. J'admets mon erreur. → ....

b. Soyez très prudent ! → ....

c. Je ne peux rien faire sans lui. → ....

d. On ne se méfie jamais assez. → ....

e. À mesure que je vieillis, je deviens méfiant. → ....

4. Elle va dire non. Pourquoi ? Trouvez six bonnes raisons.

5. Complétez ces phrases (variation proportionnelle).

a. Je prendrai ma décision .... de l'évolution du marché.

b. En France, on dit que le vin devient meilleur .... il vieillit.

c. .... on me disait que c'était dangereux, ... j'avais envie de prendre des risques.

d. Mon départ en vacances .... l'accord de mon directeur.

e. On rêve .... on a peur de la réalité.

f. .... chères sont les choses, ... on se méfie de leur qualité.

g. La pollution industrielle se généralise ...., malheureusement.

h. .... que je vieillis, j'ai .... envie de travailler.

Où est-ce que ça va finir ?

6. Reliez pour faire des phrases.

a. Attention, ce produit   1. se généralisent.
b. Les technologies nouvelles   2. qu'avant.
c. Je vous approuve   3. pas indispensable.
d. C'est pire   4. est dangereux.
e. Les prix varient   5. tout le temps.
f. C'est nécessaire, mais ce n'est   6. entièrement.

7. Imaginez quatre petits dialogues (deux répliques), comme dans le modèle.

Ex. : se demander   – *Je me suis toujours demandé si le progrès était indispensable.*
                        – *Moi, je trouve qu'il est souvent dangereux.*

a. contrôler   – ....
                    – ....

b. consommer   – ....
                    – ....

c. approuver   – ....
                    – ....

d. faire partie de   – ....
                    – ....

8. Double sens. Faites deux phrases différentes avec le même mot.

a. partie : ....
   partie : ....

b. pièce : ....
   pièce : ....

c. nouvelle : ....
   nouvelle : ....

d. marché : ....
   marché : ....

e. pire : ....
   pire : ....

9. Faites-les parler ! Écrivez cinq phrases pour chacun.

MOI, C'EST PLUS FORT QUE MOI, IL FAUT QUE JE ....

MOI, JE ME MEFIE DE TOUT, PAR EXEMPLE...

10. Le verbe est-il au singulier ou au pluriel ?

	a.	b.	c.	d.	e.	f.	g.	h.	i.	j.
S	☐	☐	☐	☐	☐	☐	☐	☐	☐	☐
P	☐	☐	☐	☐	☐	☐	☐	☐	☐	☐
?	☐	☐	☐	☐	☐	☐	☐	☐	☐	☐

11. Notez les nombres que vous entendez.

a. ....   d. ....

b. ....   e. ....

c. ....   f. ....

12. La réponse est-elle correcte ?

	a.	b.	c.	d.	e.	f.	g.	h.
OUI	☐	☐	☐	☐	☐	☐	☐	☐
NON	☐	☐	☐	☐	☐	☐	☐	☐

unité 9 — ÇA NE VAUT PAS LE COUP !

QUOI DE NEUF ?

Abîmer, acheteur/euse, (bonne) affaire, amuser, (en) arrière, automobiliste, auto-stoppeur, (en) avant, boutique, concurrent, (se) débarrasser (de), débattre, (se) débrouiller, économiser, (en bon) état, favori / te, garantie, garder, gratuit, indiquer, manquer, marchander, marché aux puces, (au) moins, moteur, (être) obligé(e) (de), (d')occasion, or (métal), passant (*nom*), patient (*adj.*), perdre (de l'argent), promotion, réduit (*adj.*), (se) régaler, rembourser, réparer, ressortir, revendre, soldes, utilisation, valoir, vente, vider

* Être fauché, * valoir le coup

- *La condition* : autrement / sinon ; en cas de… ; à condition de… + *infinitif*, à condition que… + *subjonctif* ; si…, sauf si… ; ne… que si…
- *Le gérondif*
- *Présenter une évolution* (2) : (s')améliorer / (se) détériorer (une amélioration / une détérioration) ; (s')accélérer / (se) ralentir (une accélération / un ralentissement) ; progresser / reculer (une progression / un recul)

1. Complétez avec le bon verbe (cherchez dans le vocabulaire de l'unité).

a. Vos meubles sont trop vieux et abîmés ; il faut vous en ....

b. Elle ne parle pas très bien français, mais elle se ....

c. Je voudrais que vous m'................................ le plus court chemin pour aller à la gare, s'il vous plaît.

d. Il a fait de mauvaises affaires et il .... beaucoup d'argent.

e. L'inflation a beaucoup progressé cette année ; j'espère qu'elle .... l'année prochaine.

f. Des amis m'ont invitée dans un excellent restaurant et je me ....

g. Comme j'avais besoin d'argent, j'................................ ma voiture qui était presque neuve.

h. 5 000 euros, cette voiture d'occasion qui en .... au moins 7 000 sur le marché, ça .... ! Je l'achète tout de suite !

i. Quel temps de chien ! Oui, et ils disent à la télé que ça va encore .... !

j. Moi, je n'aime pas .... du prix des choses : j'attends tranquillement l'arrivée des soldes.

2. Transformez les phrases comme dans le modèle.

Ex. : Il écoutait de la musique classique pendant qu'il travaillait.
→ *Il écoutait de la musique classique en travaillant.*

a. Il apprend le français pendant qu'il regarde TV5 et qu'il écoute RFI.

→ ....

b. Elle l'a rencontré quand elle sortait de la boutique.

→ ....

c. Il a eu un grave accident quand il a accéléré au feu rouge.

→ ....

d. Parce qu'elle débattait du prix, elle réussissait toujours à avoir d'importantes réductions.

→ ....

e. Vous vivrez mieux quand vous vous débarrasserez de toutes ces vieilles choses.

→ ....

f. J'ai fait une erreur quand j'ai gardé ma vieille voiture.

→ ....

3. Transformez ces phrases deux fois, comme dans le modèle.

Ex.: Mon voisin a fait beaucoup de bruit cette nuit quand il est rentré.
→ *Il est rentré en faisant beaucoup de bruit./Il a fait beaucoup de bruit en rentrant.*

a. Quand ils sont partis, ils ont dit au revoir.

→ ....

b. Ils mangent pendant qu'ils regardent la télé.

→ ....

c. Tu dois faire attention quand tu traverses la rue.

→ ....

d. Il boit toujours un peu de vin quand il termine son repas.

→ ....

e. Quand j'étais petite, je me régalais pendant que j'apprenais à compter.

→ ....

4. Complétez cette histoire en utilisant le gérondif.

« J'ai cherché mon argent pour payer mon billet [quand je suis monté] *en montant* dans le bus. [Quand il m'a rendu] .... la monnaie, le chauffeur s'est trompé. Je ne m'en suis aperçu que [quand je suis descendu] .... devant la gare Saint-Lazare. C'est [quand j'ai essayé] .... de courir derrière le bus que je suis tombé. Heureusement, ce n'était pas grave. J'ai eu de la chance [quand j'ai réussi] .... à revoir « mon » bus arrêté à un feu rouge. [Pendant que je criais]

ÇA NE VAUT PAS LE COUP !

……………………, j'ai montré mon billet au chauffeur. [Quand il m'a ouvert] …………………… la porte, il m'a demandé quel était le problème. Je l'ai remboursé [pendant que je lui expliquais] …………………… qu'il m'avait rendu 2 euros et 50 cents [parce qu'il croyait] …………………… me rendre 1 euro et 20 cents. Il a pris ma monnaie [pendant qu'il me disait] …………………… que c'était la première fois que ça lui arrivait. »

5. Que peut-elle dire ? Écrivez au moins six courtes phrases.

6. Complétez ce texte avec quelques « conditions ».

a. …………………… panne, appelez notre service après-vente.

b. Mais soyez patient. Ne nous téléphonez pas tout de suite. Essayez d'abord de contrôler la panne. Sachez que votre appareil ne peut marcher qu'…………………… être bien branché, par exemple !

c. …………………… l'appareil ait encore sa garantie, on vous le réparera gratuitement, …………………… …………………… la panne est vraiment importante.

d. On ne vous changera donc l'appareil qu'…………………… panne importante.

e. Attention : la garantie …………………… marche …………………… vous avez respecté les conseils indiqués dans le mode d'emploi ; ……………………, vous devrez payer la réparation.

7. Reliez les deux parties de ces expressions.

a. faire   1. des concurrents
b. une occasion   2. cher
c. un marché   3. en or
d. valoir   4. en mauvais état
e. avoir   5. une affaire
f. être   6. aux puces

ÇA NE VAUT PAS LE COUP!

8. Faites des prévisions en transformant ces phrases comme dans le modèle (avec un verbe au conditionnel).

Ex.: Augmentation des loyers à Paris (65 euros → 73 euros/m²).
→ *Les loyers à Paris augmenteraient de 8 euros et passeraient à 73 euros le mètre carré.*

a. Ralentissement de la consommation des Français (−1,8 % en 2002 ; −1 % en 2003).

→ ....

b. Trois derniers mois de l'année : progression des ventes (+ 16,5 %).

→ ....

c. Recul de l'inflation (1,05 → 0,85) en fin d'année.

→ ....

d. Diminution des niveaux de pollution dans les grandes villes (− 15 % en moyenne).

→ ....

e. Détérioration des comptes des petites et moyennes entreprises (−9,5 %).

→ ....

9. Vrai ou faux ?   V   F

a. Le temps s'améliore. ☐ ☐
b. Il faut absolument qu'il marchande. ☐ ☐
c. Il ne va jamais au bord de la mer. ☐ ☐
d. Il y a moins de personnes au chômage. ☐ ☐
e. Ils doivent s'arrêter au feu rouge. ☐ ☐
f. Il fait une bonne affaire. ☐ ☐
g. Elle a eu au moins deux accidents. ☐ ☐
h. Il lui fait une réduction de 15 % s'il paie par carte bancaire. ☐ ☐
i. L'appareil ne sera pas réparé en cas de panne. ☐ ☐
j. Il a fait une bonne affaire en revendant sa voiture. ☐ ☐

10. De quoi est-il question ? Devinez et écrivez ici la réponse (un verbe).

....

11. C'est un gérondif ?

	a.	b.	c.	d.	e.	f.	g.	h.	i.	j.
OUI	☐	☐	☐	☐	☐	☐	☐	☐	☐	☐
NON	☐	☐	☐	☐	☐	☐	☐	☐	☐	☐

unité 10 — NOUS AVONS PASSÉ UNE TRÈS BONNE SOIRÉE

QUOI DE NEUF ?

Accueillir, agressif, anniversaire, appétit, après que, (s')asseoir, attitude, aussitôt que, avant que, bavard, bise, caractère, chaque fois que, coup, couple, début, décidé, délicieux, dès que, dessert, distrait, émission, ennuyé, (s')ennuyer, facilement, gai, genre, hésitant, impatient, jusqu'à ce que, lorsque, maîtresse de maison, (avoir du) mal (à), (au) milieu (de), (du) monde (= des gens), normalement, observer, oser, par contre, plaisanter, plaisantin, poli, porte, pressé, prétentieux, prononcer, réunion, saluer, sans-gêne, savoir-vivre, simple (pour une personne), soirée, sonner, surprise, timide

* Casse-pied, * être cool, * tenir la jambe de quelqu'un, * stressé

♦ Je vous en prie

• Le passif pronominal

---

1. Complétez avec le bon verbe ou la bonne expression, au temps qui convient (cherchez dans le vocabulaire de l'unité).

a. Vous .... vos amis chez vous en leur disant : « Bonsoir ! Entrez, je vous en prie… »

b. Ils sont distraits : ils .... à trouver leur chemin, même pour rentrer chez eux !

c. Vous ne parlez pas sérieusement ? Je suis sûr que vous ....

d. Dès que la maîtresse de maison s'...................., tout le monde peut commencer à manger.

e. Vous qui sortez beaucoup, comment vous .... en partant à la fin d'une soirée ?

f. Il n'y a pas de code à la porte de notre immeuble, mais si vous .... trois petits coups, on saura que c'est vous !

g. Si j'étais vous, je n'.................... pas les appeler si tard au téléphone.

2. Imaginez des petits dialogues (deux répliques) avec les verbes suivants.

a. s'asseoir – ....
– ....

b. s'ennuyer – ....
– ....

c. oser – ....
– ....

d. plaisanter – ....
– ....

3. Complétez ces phrases en utilisant l'indicatif ou le subjonctif.

a. Il est dommage que vous .... (*être*) si timide.

b. Il faut que vous .... (*oser*) lui faire votre déclaration d'amour, quand même !

c. Il faut que vous .... (*sonner*) fort, sinon on n'entend pas.

d. Dès que tout le monde .... (*être assis*), on commence à manger.

e. Il ne faut pas .... (*plaisanter*) trop à table : ça énerve certaines personnes.

f. Je m'étonne qu'elle .... (*avoir du mal à*) trouver un travail.

g. Personne .... (*accueillir*) vos invités sauf vous-même.

4. Écrivez presque la même chose avec d'autres mots.

a. Si j'étais vous, je n'oserais pas refuser. → ....

b. Soyez sérieux ! → ....

c. J'ai eu des difficultés pour trouver mon chemin. → ....

d. Ne restez pas à la porte ! → ....

e. Ils nous ont très bien reçus. → ....

f. Il n'arrête pas de parler. → ....

5. Que peuvent dire les invités ? Écrivez au moins six phrases.

Nous avons passé une très bonne soirée

6. Transformez les phrases comme dans le modèle.

Ex. : On ne l'écrit pas comme on le prononce. → *Ça ne s'écrit pas comme ça se prononce.*

a. On vend bien cette voiture en France. → ....

b. On ne dit pas cela en français. → ....

c. Tout le monde le note facilement. → ....

d. On ne peut pas réparer cet appareil. → ....

e. On décidera à la dernière minute. → ....

f. On peut l'apprendre en dormant. → ....

g. On l'a décidé à la réunion de ce matin. → ....

h. On comprend cette phrase sans difficultés. → ....

7. Mettez une croix devant l'expression qui correspond.

a. Je me promènerai jusqu'à ce qu'il pleuve.
  ☐ 1. Je me promènerai avant le moment où il pleuvra.
  ☐ 2. Je me promènerai jusqu'au moment où il pleuvra.
  ☐ 3. Je me promènerai même pendant qu'il pleuvra.

b. On ne s'ennuie pas chez vous, mais il faut qu'on s'en aille.
  ☐ 1. On ne veut pas s'ennuyer jusqu'à notre départ.
  ☐ 2. On aimerait bien rester mais il faut qu'on parte.
  ☐ 3. Lorsqu'on s'ennuie, il faut y aller.

c. Ça ne s'explique pas très facilement.
  ☐ 1. On ne peut pas l'expliquer.
  ☐ 2. On ne l'explique à personne.
  ☐ 3. Ça ne s'explique pas sans difficultés.

d. En français, il est rare que les mots s'écrivent comme ils se prononcent.
  ☐ 1. En français, on écrit souvent les mots comme on les prononce.
  ☐ 2. En français, les mots ne s'écrivent jamais comme ils se prononcent.
  ☐ 3. En français, on n'écrit presque jamais les mots comme on les prononce.

8. Chassez les intrus.

a. *Adjectifs :* agressive, bavarde, caractère, décidée, délicieuse, distraite, ennuyée, prie, patiente, polie, pressée, soirée, simple, stressée, timide.

b. *Verbes :* s'asseoir, s'ennuyer, oser, genre, plaisanter, affaire, saluer, sonner, prendre.

c. *Repas :* appétit, bouton, dessert, délicieux, reprendre, excellent, couple, se régaler, sonner, intelligent, féliciter.

d. *Anniversaire :* invitation, cadeau, plaisir, ennuyé, surprise, gentil, bon, coup, fleurs, féliciter, bises.

NOUS AVONS PASSÉ UNE TRÈS BONNE SOIRÉE

9. Double sens. Faites deux phrases différentes à chaque fois, avec le même mot.

a. monde : ....

monde : ....

b. fois : ....

fois : ....

c. décidé : ....

décidé : ....

d. ennuyé : ....

ennuyé : ....

e. passer : ....

passer : ....

10. Poli(e) ou non ?

	a.	b.	c.	d.	e.	f.	g.	h.	i.	j.
OUI	☐	☐	☐	☐	☐	☐	☐	☐	☐	☐
NON	☐	☐	☐	☐	☐	☐	☐	☐	☐	☐

11. Qu'est-ce que vous entendez exactement ?

a. Il l'a décidé. ☐
Il a l'air décidé. ☐

b. Je suis ennuyé. ☐
Je me suis ennuyé. ☐

c. J'ai du mal à compter. ☐
J'ai dû mal compter. ☐

d. Je vais oser une question, si vous me permettez. ☐
Je vais poser une question, si vous le permettez. ☐

e. C'est en plaisantant, vous savez. ☐
C'est un plaisantin, vous savez. ☐

f. Je t'en prie. ☐
Je t'ai pris. ☐

12. Qui est-ce ? Écrivez la réponse.

....

....

unité 11 — QU'EST-CE QUI LUI PREND ?

QUOI DE NEUF ?

Ajouter, amoureux, bonheur, collègue, courrier, d'ailleurs, démissionner, économique, employé, envoyer, étonnant, explication, (s')expliquer, (de toute) façon, fatiguer, groupe, jaloux, (s')occuper (de), pièce (de théâtre), précision, préoccuper, prétendre, prévenir, professionnel, promotion (= avancement), psychologue, (la) raison, retraite, ridicule, séduire, sentimental, situation

* (le) coup de foudre, * draguer, * qu'est-ce qui lui prend ?

- Le passif (2) : être + participe passé + par...
- Le discours indirect au passé

1. Complétez le texte en conjuguant les verbes entre parenthèses.

« Nous allons continuer notre réunion. Mais je souhaite d'abord dire plusieurs choses. Monsieur Durand, tout à l'heure, vous .... (*prétendre*) que nos ventes .... (*augmenter*) cette année, ce qui .... (*créer*) un doute dans l'équipe de direction. Avant la réunion, vous nous .... (*envoyer*) un « papier », comme vous dites, sur cette question. Cette présentation nous .... (*séduire*). Elle était claire, nette, bien faite. Pourtant, le directeur .... (*se méfier*) de ces chiffres optimistes. Il .... (*avoir raison*), car votre « papier » ne .... (*valoir*) que pour les huit premiers mois de l'année. Nous .... (*être*) maintenant en décembre. Une partie de vos chiffres est donc exacte. Pour l'autre, c'est-à-dire ceux des quatre derniers mois, vous ne .... (*faire*) que simplement prévoir. Il .... (*falloir*) que vous nous .... (*prévenir*) avant la réunion de fin d'année. Sans cette pause-café, ... (*demander*) par vous, d'ailleurs, nous .... (*partir*) dans une mauvaise direction. Heureusement que jusqu'ici, vous .... (*être*) un bon employé, sinon, nous vous, euh, comment dire ? .... (*mettre*) en vacances avant que vous .... (*démissionner*). Maintenant, nous vous .... (*écouter*), monsieur Durand. »

2 Cette dame a eu une carrière professionnelle réussie. Elle nous en parle.
Résumez-la en quelques lignes.

3. Reliez pour faire une phrase.

a. C'est la question
b. J'espère que vous avez
c. J'en ai assez qu'on me demande
d. C'est par lui
e. Personne
f. Tout le monde
g. La catastrophe informatique

1. des explications.
2. avait été séduit par ce journaliste.
3. ne me dit jamais rien.
4. qui nous préoccupe le plus.
5. a été provoquée par un virus.
6. que tout a été fait.
7. de bonnes raisons pour faire ce que vous faites.

4. Dites la même chose en transformant ces phrases comme dans le modèle.

Ex. : Ce que vous me dites m'étonne vraiment. → *Je suis vraiment étonné(e) par ce que vous me dites.*
Ils sont très attendus. → *Tout le monde les attend.*

a. Elle a été préoccupée par cette affaire. → ....
b. On a prévenu tout le monde par courrier électronique. → ....
c. Elle l'a séduit tout de suite. → ....
d. Le projet va leur être montré pendant la réunion. → ....
e. On a changé la machine. → ....
f. Ils ont été très bien accueillis. → ....

5. Transformez ces phrases en respectant les temps, comme dans le modèle.

Ex. : Les routes ont été bien améliorées. → *On a bien amélioré les routes.*

a. Le match est suivi par de nombreux spectateurs. → ....
b. Le courrier va être envoyé demain matin. → ....
c. Le livre sera vendu au prix de 10 euros. → ....
d. La célèbre actrice a été vue à Nice. → ....
e. Ce texte a été mal traduit. → ....
f. La décision a été prise en réunion. → ....

6. Écrivez d'autres dialogues à partir du dialogue modèle.

– *J'ai tout acheté !*
– *Qu'est-ce qu'il dit ?*
– *Rien. Il plaisante…*
– *Mais enfin, je voudrais savoir ce qu'il a dit !*
– *Il a prétendu qu'il avait tout acheté !*

QU'EST-CE QUI LUI PREND ?

a. – Nous avons envoyé tout le courrier.
– ....
– ....
– ....
– ....

b. – Ils ne seront sûrement pas là.
– ....
– ....
– ....
– (*se demander*) ....

c. – À ce prix-là, je ne suis pas d'accord.
– ....
– ....
– ....
– (*prévenir*) ....

d. – Non, j'en ai marre ; je vais démissionner !
– ....
– ....
– ....
– (*répondre*) ....

7. Retrouvez la question qui a été posée, comme dans le modèle.

Ex. : Elle ne savait pas à quoi il fallait faire attention.
→ *À quoi faut-il faire attention ?/ Il faut faire attention à quoi ?*

a. Ils se demandaient ce que cela voulait dire. → ....

b. Tu m'as demandé si je créerais mon entreprise... → ....

c. Elle voulait savoir comment je m'y prendrais. → ....

d. Ils ne comprenaient pas pourquoi on avait ce résultat. → ....

e. Vous m'avez demandé si j'avais réussi... → ....

8. Transformez ces questions en récit (faites le contraire de l'exercice 7).

Ex. : Est-ce que je peux vous tutoyer ? → *Elle/Il m'a demandé si elle/s'il pouvait me tutoyer.*

a. Vous pourriez m'expliquer... ? → ....

b. Qu'est-ce qui vous préoccupe ? → ....

c. Ce projet ne te séduit pas ? → ....

d. Quand prévoyez-vous de démissionner ? → ....

e. Ta retraite, tu prétends la prendre quand ? → ....

9. Autrement dit... Écrivez presque la même chose avec d'autres mots, comme dans le modèle.

Ex. : Il est tombé amoureux. → *Il a eu le coup de foudre.*

a. Il faut que vous m'expliquiez ! → ....

b. Ça m'inquiète un peu. → ....

c. Il a horreur du travail en groupe. → ....

d. J'ose affirmer qu'il y a une erreur ici. → ....

e. Son projet a séduit tout le monde. → ....

f. Pourriez-vous me dire la raison de votre colère ? → ....

10. Qu'est-ce qu'ils ont dit ? D'après la phrase rapportée, trouvez quelle est la question posée, comme dans le modèle.

Ex.: *Le directeur est arrivé ?*

a. – ....

b. – ....

c. – ....

d. – ....

e. – ....

11. On dit la même chose (=) ou non (≠) ?

		=	≠
a.	Ils ne s'aiment pas beaucoup.	☐	☐
b.	Il aime quelqu'un.	☐	☐
c.	Pourquoi avez-vous pris cette décision ?	☐	☐
d.	Elle travaille très bien.	☐	☐
e.	Il a donné toutes les précisions nécessaires.	☐	☐
f.	Elle est restée au même niveau.	☐	☐
g.	C'est ridicule, voyons !	☐	☐

12. La réponse est-elle correcte ?

	OUI	NON		OUI	NON
a.	☐	☐	f.	☐	☐
b.	☐	☐	g.	☐	☐
c.	☐	☐	h.	☐	☐
d.	☐	☐	i.	☐	☐
e.	☐	☐			

unité 12 — COMMENT EST-CE POSSIBLE ?

> **QUOI DE NEUF ?**
>
> Ahuri, but, contre, copie, correct, (se) décider (à), élégant, employer, (de) façon (à), familier, faute, grossier, (avoir) honte (de), hôtesse de l'air, humeur, indigné, irritant, irrité, justement, pour que, riche, richesse, rire, salaire, snob, tenir
>
> * Ça fait classe !, * ça me fait suer !, * j'en reviens pas !, * ma parole… !, * merde !
>
> • Le pronom relatif « dont » • les pronoms relatifs composés : duquel / de laquelle / desquels / desquelles ; auquel / auxquels / à laquelle / auxquelles ; lequel / lesquels / laquelle / lesquelles
> • Afin que… + *subjonctif* / de façon à… + *indicatif*

1. Complétez avec le bon verbe ou la bonne expression (cherchez dans le vocabulaire de l'unité).

a. Vous devriez vous .... changer de voiture !

b. .... bien votre volant si vous ne voulez pas avoir d'accident !

c. Vous ne voudriez quand même pas que nous .... honte de notre accent !

d. Non, non, on ne s'ennuie pas à vous attendre dans la rue, mais il faudrait peut-être que vous .... descendre : on est un peu pressés, vous savez !

e. On vient de voir une pièce de théâtre très amusante : on .... du début à la fin !

f. Tu sais ce qu'il m'a dit ? Eh bien, qu'il allait faire le tour du monde en bateau…
   – Alors ça, je ...., lui qui avait horreur de la mer !

2. Complétez ces phrases en utilisant l'infinitif ou le subjonctif.

a. Je vous ai apporté ce dictionnaire pour que vous .... (*faire*) moins de fautes en écrivant.

b. Nous avons choisi les 35 heures dans le but d'........................... (*employer*) plus de monde.

c. Nous avons créé des cours dans l'entreprise afin que les employés .... (*pouvoir*) avoir de meilleures chances de promotion.

d. Il travaille le dimanche de façon à .... (*ajouter*) quelques euros à son salaire normal.

e. J'ai bien l'intention d'........................... (*arrêter*) de travailler à 60 ans.

f. Pour que nous .... (*offrir*) cette possibilité à nos clients, il faudrait que nous .... (*fermer*) le magasin une heure plus tard.

3. a. Qui a écrit ce texte ?

« J'aime beaucoup me promener dans le parc. Là, je suis tranquille : il n'y a ni bruits de voiture ou de bus, ni trop de monde. Pour moi, c'est le bonheur, une petite heure par jour. Je n'aime pas déranger les gens, donc je n'aime pas non plus qu'on me dérange. Eh bien, aujourd'hui, j'ai vu venir vers moi un monsieur qui avait l'air de mauvaise humeur, avec son chien qui courait devant lui. J'ai salué ce monsieur et lui ai dit que les parcs étaient interdits aux chiens. Alors, il s'est mis en colère. Pourtant, c'était un monsieur très élégant, presque snob. Il a employé quelques mots grossiers et j'étais prête à appeler la police, lorsqu'il a préféré s'en aller en me criant des menaces. C'est la première fois que ça m'arrive. »

un homme ☐   une femme ☐   on ne sait pas ☐

b. Remplacez « je » par « il », « monsieur » par « dame » et récrivez cette histoire.

....

4. Retrouvez dans B une phrase de même sens qu'en A.

A

a. Soyez prête à vous expliquer.
b. Il faudrait vous décider.
c. Je suis indigné(e) par son attitude.
d. Je n'en reviens pas !
e. Je n'aurais jamais cru qu'il puisse faire une chose pareille.
f. Sa langue est très correcte.

B

1. Je trouve scandaleuse sa façon de faire.
2. Il emploie toujours les mots qu'il faut.
3. Ce qu'il a fait m'étonne absolument.
4. Il faut que vous vous expliquiez maintenant.
5. Je ne m'attendais vraiment pas à ça.
6. Vous devriez prendre une décision.

COMMENT EST-CE POSSIBLE ?

5. Complétez les phrases en imaginant une suite, comme dans le modèle.

a. Hier, j'ai vu une fille très élégante que *j'avais déjà rencontrée,*

   qui ....

   mais dont ....

b. Il y a une semaine, ma voiture dont ....

   que ....

   et qui ....

   est tombée en panne !

c. Il y a un mois, j'ai perdu les clés que ....

   qui ....

   et dont ....

6. Vous avez entendu les chansons de ce groupe dont vous n'aimez pas les paroles. Écrivez une lettre pour protester dans le courrier des lecteurs du journal local.

7. Complétez avec le bon pronom relatif composé, comme dans le modèle.

Ex. : C'est une situation *à laquelle* nous devons tous réfléchir.

a. C'est une idée .... je suis prêt à payer le prix qu'il faudra.

b. Ce sont des clients sans .... l'entreprise ne pourrait pas vivre.

c. Le monsieur à côté .... j'étais assise, riait beaucoup.

d. Ce sont les buts .... nous devons arriver.

e. Méfiez-vous des mots grossiers à cause .... vous risquez d'avoir des problèmes.

f. Je laisse ces questions .... nous reviendrons plus tard dans notre réunion.

8. Complétez ces paragraphes avec les relatifs « qui », « que », « dont » et quelques relatifs composés.

a. Voilà donc les questions que nous allons discuter et .... nous devrons prendre des décisions. Je vais maintenant donner la parole à tous ceux .... la demanderont.

b. Voilà le problème .... je vous ai parlé et .... je souhaiterais que vous réfléchissiez. J'ajoute que c'est un problème .... il faut oser dire .... il est difficile et c'est la raison .... il est passionnant.

c. Les réponses .... nous y apporterons tous ensemble serviront à aider le directeur .... doit prendre sa décision dans deux jours – décision .... nous savons bien .... elle est importante pour l'entreprise. Autrement dit, cette décision .... dépend l'avenir même de l'entreprise, doit être préparée par nous .... sommes les premiers intéressés. C'est donc la raison .... cette réunion a lieu aujourd'hui. Je souhaite très fort .... nous arrivions à des résultats grâce .... la bonne décision sera prise. Merci.

9. Choisissez le bon pronom relatif et barrez les autres.

a. Le bureau où / auquel / dont / que je suis le chef est le plus important de l'entreprise.

b. Le directeur ne m'a pas encore rendu le projet pour lequel / où / sur lequel / dans lequel j'ai travaillé pendant deux mois.

c. C'est le genre d'attitude à cause de laquelle / à laquelle / duquel beaucoup d'accidents arrivent.

d. Après mon accident, la seule chose à laquelle / pour laquelle / dont / sur laquelle que je me suis souvenu, c'était que je n'avais pas pris mon petit déjeuner.

e. Les clients étrangers desquels / pour lesquels / auxquels j'ai proposé de dormir chez moi m'ont offert un beau cadeau en partant.

f. C'est la personne que / dont / à laquelle / de laquelle je me méfie le plus.

10. Familier ou correct ?

	a.	b.	c.	d.	e.	f.	g.	h.	i.	j.
F	☐	☐	☐	☐	☐	☐	☐	☐	☐	☐
C	☐	☐	☐	☐	☐	☐	☐	☐	☐	☐

11. On parle de quoi ? Devinez et écrivez ici la réponse.

....

unité 13 — CE N'EST PAS UN BRUIT QUI COURT...

QUOI DE NEUF ?

Absolu, arrêter (police), aucun, auparavant, avancer, brancher, bruit (= rumeur), certitude, citer, classer, comme convenu, commissaire, commissariat, comptoir, (prendre) contact, crime, disparaître, enquête, évidence, expert, gouvernement, informer, inquiet, inspecteur, interroger, matériel, nouveau (*nom*), nul (= zéro), officiel, ordre, (il) paraît (que), partout, police, policier, précédent, public (*adj.*), rapport, retrouver, rumeur, seconde (*temps*), solution, source, suivant, suspect, système, tenir informé, (avoir) tort, tourner en rond, tout à coup, valise, vérifier, victime

* *Tu parles !*, * *sans blagues ?!*

• Le conditionnel (présent et passé)

1. Complétez ces phrases en utilisant le conditionnel présent ou le conditionnel passé.

a. Il .... (*falloir*) envoyer cette lettre avant ; maintenant, c'est trop tard.

b. Une forte baisse du chômage .... (*être*) étonnante l'année prochaine.

c. À en croire les experts, l'inflation .... (*s'accélérer*) en fin d'année.

d. Il paraît que l'euro .... (*valoir*) moins de 1 dollar.

e. Si j'avais su, je .... (*ne pas venir*) aussi tôt.

f. Quand même, tu .... (*pouvoir*) finir ton travail avant de partir hier !

g. L'augmentation du prix de l'essence .... (*n'être que*) une rumeur.

h. D'après les journaux, le suspect que la police allait arrêter .... (*disparaître*).

2. Faites correspondre les verbes de A et leur complément de B, et écrivez une phrase comme dans le modèle [a → 4] (utilisez le conditionnel).

A	B
a. citer	1. une inflation nulle : ....
b. vérifier	2. le directeur informé : ....
c. retrouver	3. contact : ....
d. avoir	4. ce titre du « Monde » : Si j'osais, *je citerais ce titre du « Monde »* : « Euro 2000 : France-Italie, deux écoles ».
e. risquer	5. tort : ....
f. tenir	6. le matériel : ....
g. prendre	7. de disparaître : ....

CE N'EST PAS UN BRUIT QUI COURT...

3. Chassez les intrus.

a. *Verbes :* avancer, classer, citer, ordre, retrouver, vérifier, quartier, disparaître, comptoir.

b. *Nom :* certitude, bruit, comptoir, crime, absolu, matériel, rumeur, inquiet, victime, solution, valise, suivant, commissaire.

c. *Parler/dire :* prévenir, autoriser, concerner, dépendre, indiquer, insister, protester, demander, interroger, vérifier, citer.

d. *Police :* commissariat, inspecteur, valise, interroger, arrêter, crime, commissaire, ordre, citer, suspect, vérifier, seconde, retrouver, victime, classer.

4. Écrivez presque la même chose avec d'autres mots, comme dans le modèle.

Ex. : Vous avez peut-être raison. → *Vous n'avez sans doute pas tort.*

a. Ça ne fait aucun doute. → ....

b. Je ne suis pas certain que ce soit la bonne solution. → ....

c. Je ne vous interdis pas de l'interroger, au contraire. → ....

d. L'inflation aurait été égale à zéro l'année dernière. → ....

e. J'ai entendu dire qu'il aurait quitté son travail. → ....

f. Ne vous inquiétez pas. → ....

g. Ce n'est pas un bruit qui court. → ....

5. Écrivez le contraire.

a. La science avance. → ....

b. Nous avons toutes les possibilités de gagner ce marché. → ....

c. Ça ne se trouve nulle part. → ....

d. La nuit précédente, il disparaissait. → ....

e. Vous avez absolument raison. → ....

f. J'ai tous les doutes du monde. → ....

6. Imaginez des petits dialogues (deux répliques) avec les verbes suivants.

a. arrêter – ....
   – ....

b. avancer – ....
   – ....

CE N'EST PAS UN BRUIT QUI COURT...

c. classer – ....
– ....

d. interroger – ....
– ....

7. Répondez en employant « aucun », comme dans le modèle.

Ex. : De tous ces livres, lequel tu préfères ? → *Je n'en aime aucun.*

a. Vous avez eu combien de réponses ? → ....

b. Vous avez des solutions ? → ....

c. Quels ordres avez-vous reçus ? → ....

d. Laquelle des deux sources est la meilleure ? → ....

e. Quel système a-t-il proposé ? → ....

f. Mais on a bien quelques certitudes dans cette enquête, non ? → ....

g. La police a sans doute arrêté quelques suspects ? → ....

h. Il n'y a pas de mairie dans ce village ? → ....

8. Double sens. Faites deux phrases différentes avec le même mot.

a. arrêter : ....

arrêter : ....

b. suivant : ....

suivant : ....

c. bruit : ....

bruit : ....

d. coup : ....

coup : ....

e. public : ....

public : ....

f. retrouver : ....

retrouver : ....

CE N'EST PAS UN BRUIT QUI COURT...

9. 🔊 **Qu'est-ce que vous entendez exactement ?**

a. Je n'en ai vu qu'un. ☐
   Je n'en ai vu aucun. ☐

b. C'est son désordre. ☐
   Ce sont les ordres. ☐

c. Il est suivi partout. ☐
   Il est suivi par toutes. ☐

d. L'enquête aurait dû avancer plus vite. ☐
   L'enquête aurait pu avancer plus vite. ☐

e. Il paraît qu'il t'interrogera demain. ☐
   Il paraît qu'il l'interrogera demain. ☐

f. Il n'y a qu'un doute. ☐
   Il n'y a aucun doute. ☐

g. Il n'y a pas plusieurs solutions, il n'y en a qu'une. ☐
   Il n'y a pas plusieurs solutions, il n'y en a aucune. ☐

h. Il n'est pas de bonne humeur. ☐
   Il n'y a pas de bonne rumeur. ☐

10. 🔊 **Au commissariat. Les ordres sont donnés par qui ?**

	par un chef	par un collègue	on ne sait pas
a.	☐	☐	☐
b.	☐	☐	☐
c.	☐	☐	☐
d.	☐	☐	☐
e.	☐	☐	☐
f.	☐	☐	☐
g.	☐	☐	☐
h.	☐	☐	☐

11. 🔊 **De quoi est-il question ? Écrivez ici la réponse (un seul mot à chaque fois).**

a. ....

b. ....

c. ....

d. ....

unité 14 IL NE FAUT PAS SE FAIRE D'ILLUSIONS...

QUOI DE NEUF ? Absent, agir, confirmer, convaincre, dégâts, de plus, document, dos, fait (*nom*), effet (≠ cause), émotion, événement, exportation, (en) fait, fatigue, hasard, (par) hasard, illusion, local (*adj.*), Mars (la planète), origine, panique, parfait, provoquer, surprendre, tellement, texte, tremblement (de terre), trembler, voler

* Râler, * rouspéter

- Être en train de + *infinitif*
- *La conséquence simple* : donc… ; c'est pourquoi… ; par conséquent… ; si bien que…
- *conséquence + intensité* : tellement… que… ; si + *adjectif* + que…
- Le futur antérieur
- *Argumenter* : ou bien…, ou bien… ; soit…, soit… ; d'une part…, d'autre part… ; de plus… ; en outre… ; par ailleurs… ; mais…, par contre… ; cependant…

1. Complétez avec le bon verbe (cherchez dans le vocabulaire de l'unité).

a. Vous n'avez pas le choix : dans cette sorte de situation, il faut que vous ………………… très vite.

b. On pensait que c'était une rumeur, mais le fait ………………… par la police.

c. Vous êtes sûr que vous avez bien perdu vos clés ? On ne vous les ………………… pas ………………… ?

d. Ses collègues, à cause de ses explications bizarres, ………………… qu'il leur mentait.

e. Elles ………………… par la police, en train de voler des robes dans une vitrine.

2. Faites correspondre le début et la fin de chaque phrase.

a. Quand vous aurez fini
b. Je vous appellerai
c. Avec ce tremblement de terre
d. L'exposition de ce jeune peintre
e. Quelle chance il a ! Il aura
f. On aura vraiment
g. Il aura fallu attendre juillet 1969
h. Dès qu'ils se seront aperçus

1. nous aurons eu l'émotion de notre vie.
2. dit tout et n'importe quoi sur cette affaire.
3. vraiment tout réussi dans sa vie.
4. dès que la réunion sera terminée.
5. pour voir le premier homme marcher sur la Lune.
6. de leur erreur, ils seront plus modestes.
7. de vous plaindre, on pourra peut-être discuter…
8. aura été l'événement de l'année.

3. Complétez ces phrases en mettant les verbes au futur antérieur.

a. C'est un expert ! Il ne lui ………………… (*falloir*) que dix minutes pour réparer tout le système informatique qui était en panne depuis hier soir.

b. Elle n'est pas de bonne humeur : elle ………………… (*recevoir*) de mauvaises nouvelles, sans doute.

IL NE FAUT PAS SE FAIRE D'ILLUSIONS...

c. Il est déjà tard et nos amis ne sont pas encore arrivés ; j'espère qu'ils .... (*ne pas se tromper*) de route.

d. À cause de son accident, il .... (*être absent*) du bureau pendant deux mois.

e. Quand vous reviendrez de vacances, vous .... (*oublier*) votre fatigue, vous verrez.

f. Quand vous .... (*convaincre*) de la qualité de mon projet, appelez-moi.

4. Retrouvez dans B une phrase de même sens qu'en A.

A

a. Il n'est pas tout à fait convaincu.
b. Il n'y a eu que très peu de dégâts.
c. L'émotion a été très grande.
d. Personne n'est parfait.
e. Il est absent pour le moment.
f. Quand vous le pourrez.

B

1. Les gens ont eu très peur.
2. Il n'est pas chez lui actuellement.
3. Dès que cela vous sera possible.
4. Il a encore des doutes.
5. Chacun a ses petits défauts.
6. Rien n'a été vraiment détérioré

5. a. Qui a écrit ce texte ? Mettez une croix après votre lecture.

« J'étais en train de prendre mon petit déjeuner lorsqu'on a sonné. J'ai couru vers la porte. J'ai ouvert. Personne ! Mais ça sonnait toujours. J'ai compris que c'était le téléphone. Mais dès que j'ai voulu prendre la communication, ça s'est arrêté de sonner. J'ai horreur de ces petites émotions le matin et j'ai horreur qu'on interrompe mon petit déjeuner. Quand on a mal dormi, ça énerve encore plus. J'aurais bien voulu connaître l'origine de l'appel, mais, malheureusement, je n'ai pas de répondeur. Mon copain Marc me dit toujours : "Quand tu en auras acheté un, dis-le-moi : je veux être le premier à l'utiliser." Mais je peux déjà imaginer son premier message : "Salut ! Je sais que tu es là. Quand tu auras fini de boire ton « cher » café au lait, tu pourras peut-être me rappeler ?" Évidemment, il m'appellera pendant que je suis en train de le boire ! Après, il me dira que, d'une part, c'était par hasard et que, d'autre part, il n'avait pas regardé l'heure. Cependant, il sait bien que j'ai tellement insisté pour qu'on ne me dérange pas à ce moment-là ! Il ne me mentira pas vraiment. C'est son humour à lui. Je peux toujours prévoir comment il va agir. Ça l'étonne, et moi, ça m'amuse. Si bien que ça ne m'étonnerait pas qu'il m'offre ce répondeur pour mon anniversaire ! »

un homme ☐   **une femme** ☐   **on ne sait pas** ☐

b. Remplacez « je » par « elle » et récrivez cette histoire.

....
....
....
....

IL NE FAUT PAS SE FAIRE D'ILLUSIONS...

6. Barrez les mots inutiles dans ces phrases.

a. La cette une panique a été provoquée à cause de par un fort tremblement de terre.

b. Il est si bien tellement timide qu'il n'ose pas en fait vraiment se regarder dans une glace.

c. Ce n'était pas prévu. Par conséquent donc, c'est par ailleurs par hasard que j'ai cependant rencontré Georges.

d. L'augmentation des exportations qui s'accélère a pour effet d'améliorer de créer une nette amélioration du marché du travail.

7. Écrivez des messages publicitaires pour convaincre les gens d'acheter des actions « Yaxa ».

8. Mettez une croix devant l'expression qui correspond.

a. On s'est rencontrés par hasard dans le métro.
   - ☐ 1. On y avait rendez-vous.
   - ☐ 2. C'était prévu.
   - ☐ 3. On ne l'a pas fait exprès.

b. Quelle est l'origine de la Révolution française ?
   - ☐ 1. Qui a créé la Révolution française ?
   - ☐ 2. Qu'est-ce qui a provoqué la Révolution française ?
   - ☐ 3. Comment s'est passée la Révolution française ?

c. Il est tout le temps en train de se plaindre.
- ☐ 1. Il se plaint de tout.
- ☐ 2. Il ne fait que se plaindre.
- ☐ 3. Ça lui plaît de se plaindre.

d. Il a été surpris par la police en train de voler une moto.
- ☐ 1. La police l'a vu en train de voler une moto.
- ☐ 2. Il ne s'est pas aperçu que la police le regardait.
- ☐ 3. La police l'a arrêté au moment où il allait voler une moto.

9. Écrivez le contraire comme dans le modèle.

Ex.: Il réfléchit toujours avant d'agir. → *Il agit toujours sans réfléchir.*

a. Il est toujours en train de rêver. → ....

b. Elle s'est mise à trembler. → ....

c. Il y a si peu de dégâts que tout marche normalement. → ....

d. Vous avez absolument raison. → ....

e. Ce projet est nul. → ....

f. Il aura oublié d'envoyer le document. → ....

10. Vrai ou faux ?

		V	F
a.	Il n'a pas fini de travailler.	☐	☐
b.	Il ne croyait qu'aux faits.	☐	☐
c.	Il réfléchissait toujours beaucoup avant d'agir.	☐	☐
d.	On ne connaît pas la source de cette rumeur.	☐	☐
e.	Je vais faire autre chose avant de finir de lire mon livre.	☐	☐
f.	C'est la raison de l'augmentation de la consommation en Europe.	☐	☐
g.	Ils veulent absolument nous quitter.	☐	☐
h.	Les absents ont toujours tort.	☐	☐
i.	Je souhaite que vous me préveniez dès votre arrivée.	☐	☐
j.	Il y a deux solutions.	☐	☐

11. C'est un futur antérieur ?

	a.	b.	c.	d.	e.	f.	g.	h.	i.	j.
OUI	☐	☐	☐	☐	☐	☐	☐	☐	☐	☐
NON	☐	☐	☐	☐	☐	☐	☐	☐	☐	☐

12. De quoi est-il question ? Devinez et écrivez ici la réponse (un verbe).

....

unité 15 — L'ESPOIR FAIT VIVRE

QUOI DE NEUF? Acceptation, actuel, actuellement, administration, s'attendre à, bras, bref, cabinet, carte d'identité, clientèle, conclure, confiance, confondre, considérer, consultation, consulter, conversation, dent, essai, examen, faible, fièvre, franchement, général (*adj.*), gratuitement, grippe, hôpital, imaginaire, impression, jambe, laissez-passer, lieu (= endroit), main, (avoir) mal, malade (*nom et adj.*), médecine, médical, médicament, membre, moulin, obtenir, offre, ordonnance, oubli, patient (*nom*), personnel (*nom*), (se) porter [santé], présentation, quelque part, règlement, ressentir, rhume, (se) sentir, (se) soigner, soins, traducteur, vantard, ventre

* (un) costard, * être en forme, * se faire avoir

• Faire + *infinitif* / laisser + *infinitif* • rendre + *adjectif*
• Adverbes en « -ment » • la nominalisation

1. Imaginez des petits dialogues (deux répliques) avec les verbes suivants.

a. se porter — ....
— ....

b. se soigner — ....
— ....

c. consulter — ....
— ....

d. conclure — ....
— ....

e. obtenir — ....
— ....

2. Faites correspondre le début et la fin de chaque phrase.

a. Quand je dis « Assez ! »,   **1.** essayez de ne pas vous laisser interrompre.
b. Je me suis fait soigner   **2.** séduire aussi facilement.
c. Quand vous parlez,   **3.** vous montrer ce que notre ville a de plus intéressant.
d. Elle s'est fait   **4.** de ne plus mentir.
e. Laissez-moi   **5.** est-ce que je me fais bien comprendre ?
f. Ne vous laissez pas   **6.** inscrire dans une université américaine.
g. Je lui ai fait promettre   **7.** le meilleur expert.
h. J'ai fait appeler   **8.** dans le meilleur hôpital du pays.

3. Écrivez le contraire, comme dans le modèle.

Ex.: Je ne me sens pas bien du tout. → *Je suis en pleine forme.*

a. Il se porte très bien. → ....

b. J'ai mal partout. → ....

c. Vous n'obtiendrez pas ça sans payer. → ....

d. Laissez-moi commencer en disant... → ....

e. Ce n'est qu'un petit rhume. → ....

f. J'ai traduit ce document moi-même. → ....

4. Écrivez la même chose avec d'autres mots comme dans le modèle (verbe → nom).

Ex.: J'ai oublié. → *C'est un oubli de ma part.*

a. Je suis sûre que vous accepterez. → ....

b. Les Français consomment beaucoup. → ....

c. On essaie encore une fois. → ....

d. Je ne regrette rien. → ....

e. Je ne crains rien ni personne. → ....

f. Je n'accepterai pas qu'on m'interrompe. → ....

g. Elle aime beaucoup lire. → ....

h. Je n'ai qu'une chose à vous offrir. → ....

5. Chassez les intrus.

a. *Adverbes:* actuellement, aliment, autrement, rarement, document, simplement, tellement, contrairement, médicament, seulement, règlement.

b. *Nominalisations:* arrêt, baisse, change, explication, banlieue, excuse, invitée, réponse, voyage, réduction, cadeau, décision, logement, clé, avenir, crainte, conseil.

c. *Physique:* cheveu, bras, jambe, choix, dent, lieu, main, pied, dos, tête, bref, ventre, yeux.

6. Transformez les phrases en utilisant « rendre » et l'adjectif entre parenthèses, comme dans le modèle.

Ex.: Elle m'a fait la bise (amoureux). → *Ça m'a rendu amoureux.*

a. Il réussit tout (fier). → ....

b. Je trouve qu'il y a trop de bruit ! (fou). → ....

L'ESPOIR FAIT VIVRE

c. Ils n'arrêtent pas de se plaindre (ennuyeux). → ....

d. Les autres ont beaucoup protesté (prudente). → ....

e. On t'a trop laissée choisir (difficile). → ....

f. Tu es vraiment trop snob (ridicule). → ....

7. « Faire » ou « laisser » ? Choisissez pour compléter les phrases.

a. Elle ne m'a pas .... la possibilité de lui parler.

b. Elle m'a parlé longtemps et elle m'a .... changer d'avis.

c. Je me suis .... faire une robe pour mon anniversaire.

d. Comme je ne voulais pas décider pour lui, je l'ai .... choisir.

e. Vous saviez où était ce document et vous m'avez quand même .... le chercher !

f. Pour notre voyage en Grèce, nous .... nos amis s'occuper de tout.

8. Mettez une croix devant l'expression qui correspond.

a. Il se laisse facilement tutoyer.
   ☐ 1. Il tutoie tout le monde.
   ☐ 2. Il permet aux gens de le tutoyer.
   ☐ 3. Il n'admet pas qu'on le vouvoie.

b. C'est une malade imaginaire.
   ☐ 1. Elle rêve qu'elle est malade.
   ☐ 2. On imagine qu'elle est malade.
   ☐ 3. Elle seule est convaincue qu'elle est malade.

c. Il s'est laissé surprendre par la police.
   ☐ 1. Il ne se méfiait de rien quand la police l'a arrêté.
   ☐ 2. Il a été arrêté par hasard par la police.
   ☐ 3. La police a été surprise de l'arrêter.

d. Je lui ai fait comprendre son erreur.
   ☐ 1. Il a commencé à comprendre son erreur.
   ☐ 2. Il a voulu comprendre son erreur.
   ☐ 3. Grâce à mon explication, il a compris son erreur.

9. Transformez les phrases comme dans le modèle (adjectif → adverbe), en gardant le même sens que la phrase initiale.

Ex. : J'en ai la certitude absolue. → *J'en suis absolument certain.*

a. Son français est très correct. → ....

b. Il est évident que nous allons considérer la question. → ....

c. Sa taille était extraordinaire pour une femme. → ....

d. Les bons médecins sont rares. → ....

e. Ma réponse sera simple. → ....

f. Il est sûr qu'il obtiendra son diplôme. → ....

**10. Il va dire à son ami qu'il ne veut pas se soigner.
Trouvez (et écrivez) cinq bonnes raisons.**

....
....
....
....
....
....
....
....
....
....

11. Double sens. Faites deux phrases différentes avec le même mot.

a. lieu   – ....

    lieu   – ....

b. patient – ....

    patient – ....

c. mal   – ....

    mal   – ....

d. rendre – ....

    rendre – ....

e. forme   – ....

    forme   – ....

12. De quoi est-il question ? Devinez et écrivez ici la réponse.

....

unité 16 — LE RÈGLEMENT, C'EST LE RÈGLEMENT

QUOI DE NEUF ?

Accumuler, (s')adresser (à), alarme, association, assurer, attestation, capital (*adj.*), carte de séjour, complication, conduire, contravention, déclaration, déclarer, dedans, délivrer (= donner), déposition, dispenser (de), domicile, en plus, enregistrer, excès, fonctionner, formulaire, gendarme, honneur, impôt, (pour l')instant, juger (= trouver que...), lenteur, lettre (alphabet), limitation, limiter, marque, papiers, parking, parvenir, passeport, peine, permis (*nom*), poche, portefeuille, porter plainte, prier, prière (de), protestation, public (*nom*), raisonnable, réclamer, remplir, responsabilité, salutations, Sécurité (sociale), service (public), sincère, site, surveiller, tenir compte (de), veuillez, vitesse

* Des tas de..., * des tonnes de..., * il n'y a pas 36 solutions...

- *L'opposition* : mais ; pourtant ; quand même ; contrairement à ; au lieu de...
- *La concession* : malgré (+ *nom*) ; bien que (+ *subjonctif*) ; même si... ; alors que...
- *Grands nombres* : des centaines... ; des milliers...

1. Complétez ce texte avec le bon verbe (cherchez dans le vocabulaire de l'unité).

« Je ne sais pas comment je fais, mais j'............... les contraventions, les « PV »[1], comme on dit familièrement. Tenez, l'autre jour, je .... bien tranquillement sur une route nationale. Tout le monde sait que la vitesse y est .... à 90 km/h. Moi, je .... toujours compte du règlement et je .... toujours mon compteur de vitesse. J'étais donc à 90 et ma voiture .... normalement. Et, tout à coup, je vois là-bas, devant moi, des gendarmes. Je vous .... que je n'ai pas eu peur, car j'obéissais à la limitation de vitesse. Eh bien, ils m'ont arrêté quand même, en .... que j'allais trop vite ! En effet, regarder tout droit ne me .... pas de regarder aussi à gauche et, surtout, à droite, m'ont-ils dit. Si donc, j'avais regardé à droite, j'aurais vu une limitation de vitesse à 50 km/h qui annonçait un village. J'aurais dû alors .... cette information et, par conséquent, ralentir. Les faits étaient contre moi ; je ne pouvais pas ...., ni me plaindre. Ils m'ont donc .... de .... un formulaire et ils m'ont fait payer 500 euros pour excès de vitesse ! Ils ont été très corrects en m'............... .... que je pouvais quand même m'............... à leur chef en lui faisant .... ma plainte si je le .... utile, mais que je n'avais pas beaucoup de chances d'obtenir une réponse favorable. Heureusement qu'ils m'ont rendu mon permis de conduire. J'en ai besoin pour mon travail et il est presque historique : on me l'a .... il y a quarante-cinq ans ! »

---

1. PV : procès-verbal (procès-verbaux, au pluriel).

2. Faites correspondre le début et la fin de chaque phrase.

a.	Il reste pessimiste	1.	alors qu'on sait bien que 80 % de nos papiers ne servent à rien.
b.	Même si vous perdez tout,	2.	il ne s'est rien passé.
c.	On n'arrête pas de les accumuler	3.	leurs raisons, j'ai protesté : c'était idiot de ma part.
d.	Je n'ai pas eu de contravention	4.	ce n'est pourtant pas compliqué !
e.	J'avais tort, mais au lieu d'accepter	5.	bien que la situation s'améliore.
f.	Contrairement à ce qui était prévu,	6.	malgré mon net excès de vitesse.
g.	Malgré mes conseils,	7.	il a préféré faire de l'auto-stop.
h.	Respecter les limitations de vitesse,	8.	gardez l'espoir !

3. Retrouvez dans B une phrase de même sens qu'en A.

A

a. Ce n'est pas parce que tu as réussi ton examen que tu dois t'arrêter d'étudier.
b. On a tapé sa déclaration
c. Je considère que vos raisons sont intéressantes.
d. Cette attestation est délivrée par la mairie.
e. L'administration ne marche pas si mal.
f. Faites-moi parvenir vos projets.

B

1. Elle a été enregistrée.
2. Les services publics fonctionnent assez bien.
3. On l'obtient à la mairie.
4. Envoyez-les moi.
5. Ton succès ne t'en dispense pas.
6. J'en tiens compte.

4. Complétez ce dialogue avec :

malgré, bien que, même si, alors que, au lieu de, pourtant, contrairement à.

– ………………… il fait beau, nous n'irons pas au bord de la mer, car, en cette saison, l'eau est trop froide ; et pourquoi aller si loin ………………… on a une grande forêt à côté de chez nous, ………………… en cette saison, il n'y ait pas de champignons à ramasser. ………………… ça, on peut y faire de belles promenades ………………… il pleut, ………………… la plage, sous la pluie, ce n'est pas très agréable.

– Vous avez peut-être raison. Je trouve ………………… (mais je ne saurai pas expliquer pourquoi) que la pluie est moins triste au bord de la mer qu'en forêt. ………………… ce qu'on pense, la pluie dure moins longtemps à la mer qu'en forêt. À cause du vent, peut-être.

– Tiens, il se met à faire beau. ………………… rester ici à discuter, on pourrait sortir ………………… il fasse un peu froid, d'accord ?

LE RÈGLEMENT C'EST LE RÈGLEMENT

5. De A à Z : écrivez l'adjectif (formes masculine et féminine) qui correspond au nom.

a. vitesse → ....
b. excès → ....
c. raison → ....
d. lenteur → ....
e. folie → ....
f. certitude → ....
g. chaleur → ....
h. culture → ....
i. danger → ....
j. différence → ....
k. économie → ....
l. bonheur → ....
m. difficulté → ....

n. limitation → ....
o. malheur → ....
p. évidence → ....
q. méfiance → ....
r. préférence → ....
s. obligation → ....
t. prudence → ....
u. passion → ....
v. réduction → ....
w. utilisation → ....
x. regret → ....
y. nouveauté → ....
z. possibilité → ....

6. C'est un homme ou une femme qui parle ?

		H	F	?
a.	Je me suis fait faire un pantalon.	☐	☐	☐
b.	Je me suis fait arrêter par les gendarmes.	☐	☐	☐
c.	Je n'avais pas tenu compte de la limitation de vitesse.	☐	☐	☐
d.	Ils m'ont laissée repartir sans me donner de PV.	☐	☐	☐
e.	Je suis très ennuyé avec cette histoire de PV, moi qui suis si prudent d'habitude.	☐	☐	☐
f.	J'ai constaté une erreur dans mon adresse sur la carte d'identité qu'ils m'ont délivrée.	☐	☐	☐
g.	Ils m'ont dit : « Vous êtes priée de vous présenter au commissariat demain à 9 heures. »	☐	☐	☐
h.	L'association que j'ai créée n'a que quinze membres pour l'instant.	☐	☐	☐

7. Qu'est-ce qu'elle va faire ? Donnez cinq réponses.

....
....
....
....
....

LE RÈGLEMENT C'EST LE RÈGLEMENT

8. Écrivez le dialogue entre le gendarme et l'automobiliste (six répliques).

....
....
....
....
....
....

9. Publicité. Complétez ce texte avec :

pourtant, quand même, malgré, bien que, même si, contrairement à, alors que, au lieu de

N'en rêvez plus !

vous qui n'avez jamais pris l'avion, ... vous ne connaissiez que votre langue nationale, ... vous n'avez pas l'habitude de voyager à l'étranger, ... votre peur de l'avion, ... la belle saison revient et .... vous détestiez quitter votre maison, vous partirez .... avec *Air Europe*. Vous êtes en effet en train de lire notre brochure « Voyages de rêves ».

Partez avec Air Europe !

Air Europe va partout dans le monde et depuis longtemps. Et ...., ce n'est pas ce qui a rendu *Air Europe* célèbre. C'est, à leur retour chez eux, le bonheur de ceux qui, ... ce qu'ils pensaient « avant », adorent maintenant l'avion et, surtout, la qualité de nos services. .... continuer dans leur erreur, ils ont osé nous faire confiance et ils ne le regrettent pas : ils sont prêts à recommencer !

10. Indicatif ou subjonctif ?

	a.	b.	c.	d.	e.	f.	g.	h.	i.	j.
I	☐	☐	☐	☐	☐	☐	☐	☐	☐	☐
S	☐	☐	☐	☐	☐	☐	☐	☐	☐	☐

unité 17 — ÇA N'ARRIVE QU'À MOI !

QUOI DE NEUF ?

Action (en bourse), (s')affoler, ambulance, annuler, assassin, attentat, (la) Bourse, calme (*nom*), (un) certain (temps), certainement, complètement, compter (sur), courage, déprimer, désespérer, (se) droguer, ennuyer, escalier, évacuer, feu, fumée, garantir, guerre, faire son possible, incendie, infirmier, jurer (que), malheur, mériter, meurtre, (le) moral, mort, naïf, (donner sa) parole, peine, pompier, prêter (de l'argent), promettre, rattraper, ruiner, rugby, sauver, sentir, serrer, se sortir (de), souci, sourire, sympathie, tâcher (de), (la) tactique, vérité, vidéo, voleur, volonté

* Être crevé, * paniquer, * s'y faire

• Crier au secours, crier au feu, se plaindre et plaindre quelqu'un ; rassurer / réconforter quelqu'un ; faire des promesses ; appeler à l'aide / demander du secours

1. Complétez les phrases en conjuguant les verbes indiqués entre parenthèses.

a. Il faut que vous .... (*compter*) sur vous-même, avant de faire confiance aux autres.

b. Comme elle venait de perdre son portefeuille, elle était .... (*désespérer*).

c. .... (*ne pas s'affoler*) ! je suis là pour t'aider !

d. Il a osé me dire que je .... (*ne pas mériter*) mon bonheur.

e. Il faut que vous me .... (*promettre*) d'être plus prudente à l'avenir.

2. Imaginez des petits dialogues (deux répliques) avec les verbes suivants.

a. déprimer — ....
— ....

b. rassurer — ....
— ....

c. ruiner — ....
— ....

d. sauver — ....
— ....

e. tâcher — ....
— ....

ÇA N'ARRIVE QU'À MOI !

3. Écrivez la question qu'on a pu poser.

a. – .... ?

– Ne vous affolez pas : ce n'est qu'un exercice des pompiers.

b. – .... ?

– J'ai senti ton parfum en entrant.

c. – .... ?

– Parce que sans ça, tu risques de prendre froid.

d. – .... ?

– Vous m'ennuyez avec vos peurs imaginaires !

e. – .... ?

– Vous m'avez tout simplement fait retrouver le sourire et le moral.

4. Écrivez ce qu'ils peuvent se dire (au moins cinq phrases).

Ex. : *L'un n'arrête pas de se plaindre. L'autre n'arrête pas de le réconforter.*

....

....

....

....

....

....

....

5. Écrivez la même chose avec d'autres mots, comme dans le modèle.

Ex. : Ne vous affolez pas ! → *Restez calme !*

a. N'ayez aucun souci ! → .... !

b. Je n'ai plus aucun espoir. → ....

c. Évacuez les lieux ! → .... !

d. La Bourse l'a ruiné. → .... !

e. Je ne peux rien vous promettre. → .... !

69

ÇA N'ARRIVE QU'À MOI !

6. Chassez les intrus.

a. *Verbes :* annuler, garantir, ennuyer, infirmier, mériter, compter, prier, escalier, obéir, crier, créer, rire, meurtre.

b. *Noms masculins :* courage, ambulance, incendie, crime, parole, souci, sourire, volonté, vérité, guerre, calme, aide, feu, action.

c. *Adverbes :* rapidement, certainement, accident, vraiment, concurrent, complètement, actuellement, contrairement, heureusement, compétent, probablement, événement, entièrement.

7. Trouvez et écrivez le mot défini ainsi dans le dictionnaire ou dans des mots croisés.

a. .... **v.** Synonymes : supprimer, rendre nul.

b. .... **n.m.** On s'en sert quand il n'y a pas d'ascenseur (ou quand on est sportif).

c. .... **adv.** Du début à la fin ; d'une façon absolue.

d. .... **n.m.** Peut provoquer d'importants dégâts dans une forêt, par exemple.

e. .... **v.** Synonymes : assurer, garantir, donner sa parole.

f. .... **n.m.** Événement mauvais ou grave.

adv. = adverbe ; n.m. = nom masculin ; n.f. = nom féminin ; v. = verbe

8. Écrivez le contraire.

a. Vos billets ont été annulés. → ....

b. Il a dit la vérité. → ....

c. Il manque de courage. → ....

d. Elle perd souvent son calme. → ....

e. Il a de la volonté. → ....

f. Il panique complètement. → ....

9. Double sens. Faites deux phrases différentes avec le même mot.

a. sentir – ....

   sentir – ....

b. plaindre – ....

   plaindre – ....

c. certain – ....

   certain – ....

d. porter – ....

porter – ....

10. Faits divers. Barrez les mots inutiles.

Un accident de la circulation a eu passé/loin/lieu hier après-midi/demain soir au banlieue/aéroport/carrefour de Béthune. Une voiture conduite par/avec/pour M. Dugommier est arrivée en retard/complètement/trop vite et n'a pas plus/réussi/pu s'arrêter. Une autre voiture, à/avec laquelle/celle de Mme Michu, s'est présentée juste maintenant/à côté/à ce moment, sans sourire/ralentir/mentir... L'accident était donc inadmissible/indispensable/insupportable/garanti. La police a fait sortir/rattraper/évacuer M. Dugommier et Mme Michu dans une ambulance vers l'hôtel/le restaurant/l'hôpital national/local/égal. Tous les deux sont légèrement blessés/morts/inquiets. Ils s'y font/s'en sortent/s'en vont finalement assez bien car cet accident/cet attentat/cet incendie aurait pu être beaucoup plus positif/grave/naïf. C'est quand même/en outre/donc la troisième fois que ce espèce/sorte/genre d'événement arrive à ce carrefour dangereux/compliqué/bizarre cette année/l'an dernier/l'année prochaine. La mairie doit avoir le moral/le courage/l'économie de prendre les décisions infirmières/intéressantes/indispensables pour la sécurité/le service/la solution de ce carrefour et y mettre enfin des incendies/des feux des fumées.

11. Qu'est-ce que vous entendez exactement ?

a. Tu peux compter sur moi. ☐
   Tu peux compter sans moi. ☐

b. Jure-moi que c'est vrai ! ☐
   Jurez-moi que c'est vrai ! ☐

c. Elle me l'assure. ☐
   Elle me rassure. ☐

d. Je l'ai senti fumer. ☐
   J'ai senti la fumée. ☐

e. C'est le calme. ☐
   Ça le calme. ☐

f. Ils font leur possible. ☐
   Ils font l'impossible. ☐

g. Elles sont sauvées. ☐
   Elles se sont sauvées. ☐

h. Soyez-en aussi ! ☐
   Soyez sans souci ! ☐

12. On dit la même chose (=) ou non (≠) ? Mettez une croix.

	=	≠		=	≠
a. J'étais triste.	☐	☐	f. Il me l'a juré.	☐	☐
b. Je l'aime bien.	☐	☐	g. Il le fera certainement.	☐	☐
c. Je ne suis pas en forme.	☐	☐	h. Je ne suis pas optimiste.	☐	☐
d. Je ne m'inquiète pas.	☐	☐	i. La police a arrêté l'assassin.	☐	☐
e. Tout le rend fou.	☐	☐	j. J'ai une raison de plus d'être déprimé.	☐	☐

unité 18 FÉLICITATIONS !

QUOI DE NEUF ? Ancien (nom), assister à, budget, candidat, cérémonie, chaleureux, chimique, commune (nom), conseil (municipal), création, défense, discours, discussion, (se) douter (de), (être) dû (à), élection, élire, environnement, éviter, félicitation, férié, (à) force (de), inauguration, maire, majorité, mariage, marié (nom), militant, (à l')occasion (de), pétition, piscine, profiter (de), religieux-se, signer, signifier, souhait, stress, supermarché, vœux, vote, zone

* Chapeau !, * écolo

- Ce qui... / ce que... / ce dont... / ce à quoi....
- La cause et la conséquence

1. Complétez les phrases en conjuguant correctement les verbes entre parenthèses.

a. Les pompiers .... (*conclure*) que les incendies de forêts de ces derniers jours

.... (*être dû*) à la trop grande chaleur.

b. L'accident d'hier .... (*éviter*) si les automobilistes ....

(*respecter*) les limitations de vitesse.

c. Avec son programme « vert », il .... (*se faire élire*) dimanche dernier.

d. Hier, comme je .... (*ne pas respecter*) le « Stop », les gendarmes m'ont demandé

si je .... (*savoir*) ce que .... (*signifier*) le mot « stop ».

J'avoue que j'.................... (*avoir honte*) de moi. Je ....

(*se douter*) bien qu'ils .... (*ne pas plaisanter*) vraiment et je savais que je

.... (*devoir*) payer une forte contravention.

2. Reliez le verbe à son complément et écrivez une phrase comme dans le modèle (d/5).

a. être due   1. un document : ....

b. élire   2. la difficulté : ....

c. signer   3. deux choses à la fois : ....

d. annuler   4. maire « écolo » : ....

e. se douter de   5. l'inauguration : *L'inauguration de la piscine a été annulée à cause de la pluie.*

f. éviter   6. aux fumées des usines : ....

g. signifier   7. de répondre : ....

FÉLICITATIONS!

3. Quand on prononce, c'est la même chose ; mais ça ne s'écrit pas de la même façon ! Complétez.

a. site / ....
b. maire / ....
c. «Les Verts» / ....
d. voeu(x) / ....
e. soit / ....

f. prix / ....
g. du / ....
h. sert / ....
i. dans / ....
j. par / ....

4. «La consommation s'accélère en Europe.» Pourquoi ? Complétez ces phrases en exprimant la même chose de cinq façons différentes (d'après le modèle a).

a. La consommation s'accélère *grâce à* l'amélioration de la situation économique.

b. .... de l'amélioration de la situation économique, la consommation s'accélère.

c. En Europe, la consommation s'accélère .... la situation économique s'améliore.

d. L'accélération de la consommation .... l'amélioration de la situation économique.

e. L'amélioration de la situation économique .... une accélération de la consommation en Europe.

f. .... l'accélération de la consommation est l'amélioration de la situation économique.

5. Reformulez les phrases en utilisant «ce qui», «ce que», «ce dont», «ce à quoi», comme dans le modèle :

Ex.: Qu'est-ce que vous dites ? (*comprendre*) → *Je ne comprends pas ce que vous dites.*

a. Que fait-il ? (*savoir*) → ....

b. Vous écrivez quoi, là ? (*pouvoir lire*) → ....

c. De quoi vous doutez-vous ? (*pouvoir expliquer*) → ....

d. Vous vous êtes intéressée à cela ? (*confirmer*) → ....

e. Vous vous êtes aperçu de quoi, tout à coup ? (*pouvoir raconter*) → ....

6. Écrivez le début du discours que cet homme est en train de prononcer.

Félicitations !

7. Publicité. Complétez ce texte avec « ce qui », « ce que », « ce dont », « ce à quoi ».

PARTOUT AVEC VOUS : Air Europe !

.... nous voulons, c'est vous rendre service.

.... nous plaît, c'est vous recevoir avec le sourire.

.... nous sommes fiers, c'est de la qualité de nos services.

.... nous garantissons, ce sont des horaires respectés.

.... nous pensons toujours, c'est à votre sécurité.

D'autres compagnies peuvent se moquer de .... vous pensez et de .... vous intéresse vraiment. Nos « sondages clientèle » sont faits pour connaître .... vous préoccupe le plus quand vous voyagez.

Vous êtes de plus en plus nombreux à choisir *Air Europe*, ... nous nous réjouissons ! Car, ... vous exigez, nous vous l'offrons, ... est normal pour une compagnie comme la nôtre.

Et .... vous étonnera le plus, ce sont nos prix, nettement plus intéressants que ceux de nos concurrents, ... vous rêviez sans oser y croire !

8. Interview. Écrivez les questions que le journaliste a pu poser.

a. – ....?

– C'est le conseil municipal qui en a la responsabilité et c'est le maire qui signe.

b. – ....?

– Les municipales ? Eh bien, en France, on élit un maire tous les cinq ans.

c. – ....?

– Il y en a plusieurs. Mais c'est surtout celle du 14 juillet, chaque année.

d. – ....?

– Être partout là où c'est nécessaire et ne pas économiser son temps.

e. – ....?

– Éviter les conflits stupides entre les habitants de la commune en faisant respecter le règlement, ce qui n'est pas simple !

FÉLICITATIONS!

9. Mettez une croix devant l'expression qui correspond.

a. Ce dont je ne m'étais pas douté, c'est qu'il était sérieux.
  ☐ 1. Je ne doutais pas de son attitude sérieuse.
  ☐ 2. J'avais deviné qu'il était sérieux.
  ☐ 3. Je ne m'étais pas aperçu qu'il était sérieux.

b. Ce qui nous préoccupe le plus, c'est la défense de l'environnement.
  ☐ 1. Ce dont nous avons envie, c'est de défendre l'environnement.
  ☐ 2. Notre premier souci, c'est de défendre l'environnement.
  ☐ 3. Ce à quoi nous réfléchissons, c'est à la défense de l'environnement.

c. La volonté des militants a permis d'éviter la création d'une usine de produits dangereux.
  ☐ 1. C'est la faute des militants si cette usine n'a pas été construite.
  ☐ 2. C'est à cause des militants que cette usine n'a pas été construite.
  ☐ 3. C'est grâce aux militants que cette usine n'a pas été construite.

d. Le maire actuel mérite nos félicitations. C'est à lui qu'on doit d'avoir une ville sans pollution.
  ☐ 1. Ce résultat est dû au maire de la ville.
  ☐ 2. C'est le résultat dont le maire de la ville peut se vanter.
  ☐ 3. C'est ce que le maire doit à la ville.

10. C'est un homme ou une femme qui parle ?   H   F   ?

a. C'est en ma qualité de maire que je m'adresse à vous.   ☐ ☐ ☐
b. Je suis militante de cette association depuis l'âge de 20 ans.   ☐ ☐ ☐
c. Les habitants du village n'ont pas beaucoup aimé mon discours avant les élections. Il est vrai qu'ils n'avaient jamais vu de candidate avant moi.   ☐ ☐ ☐
d. La piscine que je vous avais promise est enfin prête à l'inauguration !   ☐ ☐ ☐
e. Il me semble que la majorité des habitants de la commune souhaitent avoir une femme comme maire après moi. Je les en félicite. Il faut en effet savoir changer en disant quand même : « Vive le maire ! »   ☐ ☐ ☐
f. À l'occasion de la fête des Mères, veuillez permettre au… maire de votre commune de vous féliciter toutes !   ☐ ☐ ☐

11. Masculin ou féminin ?

	M	F		M	F
a.	☐	☐	f.	☐	☐
b.	☐	☐	g.	☐	☐
c.	☐	☐	h.	☐	☐
d.	☐	☐	i.	☐	☐
e.	☐	☐	j.	☐	☐

12. Le verbe est à l'infinitif ?

	OUI	NON		OUI	NON
a.	☐	☐	f.	☐	☐
b.	☐	☐	g.	☐	☐
c.	☐	☐	h.	☐	☐
d.	☐	☐	i.	☐	☐
e.	☐	☐	j.	☐	☐

Transcription des enregistrements

Unité 1

9. a. Ces lunettes noires sont belles. **b.** Toutes les modes sont stupides. **c.** Ma veste est trop claire. **d.** Tous les moyens sont nécessaires. **e.** Ce cliché n'est pas intéressant. **f.** Vous aimez la lecture ? **g.** Ces modèles sont beaux. **h.** J'aime son parfum. **i.** Leurs goûts sont très curieux. **j.** Un mètre soixante-dix / un mètre soixante-quinze… oui, ce sont des tailles normales en France.

10. a. Elle a porté des lunettes. **b.** J'aime bien manger. **c.** J'aimais ce pantalon. **d.** Il adore le vin. **e.** C'est une erreur ! **f.** Est-ce qu'on a fait attention à ça ?

11. a. Les hommes n'en portent jamais. **b.** Conseillées et même nécessaires quand il y a du soleil. **c.** Rares sont ceux et celles qui ne la suivent pas. **d.** 33 % des femmes aiment qu'un homme en utilise un. **e.** Celle-là, on me la pose très souvent ! **f.** Vous voulez que je vous en donne un ? Eh bien, par exemple : « Fort comme un Turc ». Voilà !

12. a. C'est nécessaire. **b.** C'est un cliché. **c.** Ces modes se suivent et se ressemblent. **d.** J'ai horreur de cet art moderne. **e.** C'est un moyen de communiquer comme un autre, vous savez. **f.** Ces vêtements vous plaisent ? **g.** C'est international ! **h.** Cet enfant s'intéresse déjà à la mode !

13. « Vous voyez cet homme ? Oui, celui-là, devant vous, celui qui a une veste rouge, un pantalon blanc et des lunettes noires ? Eh bien, c'est l'acteur du film *Celui qu'on voulait oublier* : Mais oui, vous vous rappelez, celui du Festival de Cannes, celui où il joue un journaliste qui fait une enquête sur des gens très connus, ceux du monde de la mode, vous savez bien : les grands couturiers, et qui utilise tous les moyens possibles. Comment ? Ça vous est égal ? Mon histoire ne vous intéresse pas, peut-être ? Bon, eh bien, la prochaine fois, j'irai au spectacle tout seul. »

Unité 2

10. a. Jamais contents, ceux-là ! **b.** Eux, ils préfèrent les pays au climat chaud et sec. **c.** Il y a une différence ! **d.** Elle(s) déménage(nt) aujourd'hui. **e.** Il(s) loue(nt) un grand appartement au centre-ville. **f.** Ils vont quitter le bureau tout de suite. **g.** Elles sont parties à cinq heures. **h.** Elle ne supporte plus le bruit de la rue, ma voisine. **i.** Il(s) ne dorment jamais avant 23 heures. **j.** Elles ? Eh bien, parties ! Oui, vous comprenez, c'est parce qu'elles en avaient assez de leurs voisins…

11. a. Ça vraiment, on peut dire que c'est une bonne nouvelle ! **b.** Je commence vraiment à en avoir assez ! **c.** Ce n'est pas mal du tout… **d.** Tant pis, on fera mieux la prochaine fois ! **e.** Enfin, ça y est ! **f.** Essaie encore une fois, c'est important, tu sais ! **g.** C'est plus que regrettable… **h.** Je ne supporte plus ce bruit ! **i.** Si je déménage, c'est à cause de mes voisins. **j.** Choisissez pour moi : ça m'est égal.

12. a. « Il est situé au deuxième étage d'un bel immeuble moderne. C'est un appartement qui fait 120 mètres carrés. Le loyer est de 950 euros par mois, ce qui n'est pas très cher au centre-ville. Vous pouvez m'appeler au 01 45 25 75 15 aux heures des repas. Merci. »

b. « Ce sont deux magnifiques appartements. Ils ont la même surface : 95 mètres carrés ; mais ils sont à des étages différents. L'un est au 4e et l'autre au 6e. Il y a bien sûr deux ascenseurs dans l'immeuble. Ces appartements sont vendus au même prix : 280 500 euros. Ah, j'oubliais : celui du 4e a deux salles de bains et celui du 6e a une salle de bains et une douche. C'est la seule différence. Mon numéro de téléphone est le 05 56 60 16 22. J'attends votre appel aujourd'hui entre 18 et 19 heures. »

c. « Je vends une très belle maison du XIXe siècle à 25 minutes en voiture du centre-ville. Elle a une surface de 250 mètres carrés sur deux étages. Il y a aussi un grand jardin, très agréable en été. Son prix ? 300 000 euros. Merci de m'appeler très vite au 02 44 24 51 13. Non, excusez-moi, plutôt au 0 800 42 15 25… c'est mon portable et c'est plus pratique ! À très bientôt. »

d. « J'ai une cliente qui propose un appartement à louer. *(bzzz)* Oui, à louer seulement. *(bzzz)* Absolument… il est libre. *(bzzz)* Elle en veut 850 euros par mois. *(bzzz)* Oui, il est très bien situé, dans une rue très calme, mais près d'une station de métro. *(bzzz)* Ah, pardon, c'est vrai, c'est important : il fait 110 mètres carrés. *(bzzz)* Bon, il n'est pas très neuf, mais on peut l'habiter tout de suite. *(bzzz)* Il vaut mieux voir ça avec ma cliente. C'est madame Dubosc : D-U-B-O-S-C, téléphone : 03 99 19 36 63, mais pas avant 19 heures. Au revoir, monsieur. »

13. a. Moi, j'ai dit que je préférais le bus au métro ? **b.** Et le climat de la région, qu'est-ce que vous en pensez ? **c.** Vous croyez vraiment que c'est la même chose ? **d.** Selon lui, c'est très important. **e.** Je voudrais plutôt un thé, c'est possible ? **f.** Ça y est ? **g.** Incroyable ! Vous avez déjà trouvé un appartement… **h.** À mon avis, c'est vraiment dommage. **i.** J'ai vraiment essayé, mais je ne supporte plus le bruit que font mes voisins. **j.** Ça vous est vraiment égal ?

Unité 3

8. a. Il se vante probablement. **b.** Ça m'a étonné. **c.** Collectionner des petites voitures ? Moi, jamais ! **d.** N'affirmez jamais ! **e.** Je l'ai félicité(e). **f.** Ne me demandez pas ça ! **g.** Commencez sans moi ! **h.** Commencer sans lui ? Impossible ! **i.** Tout le monde n'a pas votre chance ! **j.** Gourmet, lui ? Ça m'étonnerait ! Gourmand, ça oui !

9. a. concerner ; **b.** étonner ; **c.** réussir ; **d.** gourmet ; **e.** s'en aller ; **f.** mètre carré ; **g.** connaître ; **h.** fenêtre ; **i.** loisir ; **j.** chemisier.

Transcription des enregistrements

10. a. C'est certain. **b.** C'est une chance pour vous. **c.** C'est évident. **d.** Cet exemple-là n'est pas bon. **e.** Ces collectionneurs sont un peu fous, non ? **f.** C'est insupportable ! **g.** Ces bus sont confortables **h.** Cet aéroport est trop près de la ville **i.** C'est évident ! **j.** Ces tests sont difficiles.

11. a. Bof, ça ou autre chose, moi, vous savez… **b.** Je ne pense qu'à ça, je ne vis que pour ça, moi, monsieur ! **c.** Puisque vous insistez, bon, alors, d'accord. **d.** Je me demande si j'y vais ou si je n'y vais pas. **e.** Je me demande ce qui me plaît le moins : l'opéra ou la danse classique… **f.** Quelle chance ! On m'a donné une invitation pour le spectacle de ce soir à l'opéra. Il n'y a rien que j'aime plus au monde ! **g.** On dit que ce film n'est pas très amusant, mais qu'il n'est pas très ennuyeux non plus. On pourrait peut-être aller le voir, enfin, si vous voulez… **h.** Parlez-moi du ski… le ski, ça c'est quelque chose de super ! Dommage que l'hiver ne dure que trois ou quatre mois !

Unité 4

9. a. Ça s'est fait aussi. **b.** Je suis arrivé à la sortir. **c.** Il se présente et s'excuse. **d.** J'ai pu le faire. **e.** Elle s'est mise à compter. **f.** Je lui écris un mot. **g.** Ce cadeau, c'était le leur. **h.** Il est vulgaire.

10. a. Jamais plus je ne me disputerai avec mes amis. **b.** Ah non, on ne va pas encore discuter de ce problème ! **c.** Elle se met très vite en colère, mais elle se calme aussi très vite d'habitude. **d.** Ils ne lui ont jamais permis de travailler nulle part. **e.** Il est souvent venu à la maison, tu te rappelles ? **f.** Ça m'est égal de savoir si elle s'en va ou non. **g.** Sa voiture ne s'est pas arrêtée aux feux ; il a eu un accident et depuis, il ne se souvient absolument de rien. **h.** Il a toujours été très calme, je trouve. **i.** Je vous préviens : si on le met en marche, on ne l'arrêtera plus !

11. « Le chat de ma voisine, il est à moi. Oui, c'est le mien. Ça vous semble bizarre ? Évidemment, présenté comme ça… : "son chat, c'est le mien…", vous allez penser que je suis devenu idiot ; mais c'est vrai, mon chat ce n'est pas le sien. Je vais vous expliquer… parce que la mienne – je parle de ma voisine – aimait beaucoup mon chat et mon chat préférait les repas qu'elle lui faisait, aux miens. Vous comprenez ? Non ? Alors, je recommence. À cause de mon travail, mon chat restait tout seul à la maison pendant la journée. Il avait pris l'habitude d'aller chez ma voisine : par la fenêtre, c'est facile pour lui. Et il passait de mon jardin dans le sien, je veux dire dans celui de ma voisine ; mais maintenant, c'est le sien aussi, n'est-ce pas ? Vous me suivez ? Oui ? Bon. Parce que, comme mon chat avait faim, il allait manger chez ma voisine. Et il a fini par rester chez elle. Bien sûr, elle me dit que ce chat, c'est le nôtre, et qu'on peut bien avoir un chat à deux. Pourquoi pas ? Heureusement que notre chat, donc, n'est pas allé chez les voisins de ma voisine : les siens détestent les chats. Les miens – je parle de mes voisins de droite – en ont déjà trois, mais les leurs ne viennent jamais chez nous – je veux dire ni chez ma voisine, ni chez moi. Finalement, tout est bien comme ça. »

Unité 5

9. a. À mon avis, ils ont dû se tromper de route, mais on ne sait jamais, hein ? **b.** Là, il y a probablement une erreur. **c.** C'est sûrement ça. **d.** C'est plus que vraisemblable, mais il faudrait voir ça de plus près. **e.** Mais c'est évident ! **f.** Elle devrait être à la cuisine…, enfin, c'est ce que je crois. **g.** À cette heure-ci, ils sont sans doute rentrés. **h.** C'est absolument clair. **i.** C'est probable : il n'y a qu'à téléphoner pour en être sûr. **j.** Vous êtes monsieur Durand, je suppose…

10. a. Bientôt, je connaîtrai mes résultats. **b.** Ils me recevront bien. **c.** Ce ne sera pas nécessaire. **d.** Vous ne refuseriez pas, sans doute… **e.** Vous rateriez le bus, je pense. **f.** Pas possible, vous feriez ça pour moi ? **g.** Il dépenserait tout, vous savez… **h.** Vous l'énerverez si vous lui dites ça. **i.** Je m'inscrirai, mais pas aujourd'hui. **j.** Avec un peu plus de calme, ils s'apercevraient de leur erreur.

11. a. Si vous avez de l'argent, vous pourrez partir en Grèce. **b.** Si tu viens ce soir chez moi, tu rencontreras mes amis. **c.** Si vous dépensiez tout votre argent, vous auriez de graves problèmes. **d.** Si vous êtes d'accord avec moi, nous pourrons créer une entreprise. **e.** Si vous avez un diplôme d'informatique, vous pouvez travailler dans une banque. **f.** Si vous vous énervez, vous n'arriverez à rien. **g.** Si vous gardiez les pieds sur terre, vous n'auriez pas tous ces problèmes. **h.** Si tu te réveillais plus tôt, tu raterais moins souvent le bus. **i.** S'il(s) s'énervai(en)t moins, il(s) réussirai(en)t mieux. **j.** Si vous passez par ici, vous viendrez nous voir, d'accord ?

12. « Ah, ce serait l'idéal ! Si on en avait une, on pourrait faire des reportages et communiquer nos idées à tout le monde. On est intelligents, on est jeunes, on est sympathiques, on a de l'intuition et on sait beaucoup de choses ! Le seul problème, c'est qu'on n'a pas assez d'argent et que ça coûte cher d'en créer une. Si seulement on gagnait le gros lot à la loterie ou au loto… ou, plus simplement, si les banques s'intéressaient à notre projet… ! »

Unité 6

9. a. C'est tout de suite et pas demain ! **b.** N'oublie pas que tu dois préparer ton baccalauréat… **c.** Tu pourrais peut-être m'aider… **d.** Dépêchez-vous ou je ne vous attends pas ! **e.** Et ne discutez pas, hein ?! **f.** Un seul mot : qualité d'abord ! **g.** Pas de questions ? Alors, au travail, tous ! **h.** Je vous l'interdis absolument ! **i.** Ça sera prêt demain ? Bon, pas de problème, alors. **j.** Il faudrait que vous pensiez à téléphoner à notre client italien… **k.** J'exige qu'on m'obéisse ! **l.** Vous savez, ce qui n'est pas strictement interdit est permis…

10. a. Il ne faut pas qu'elle le lui prenne. **b.** Il faut se dépêcher. **c.** Je crois que vous le faites exprès. **d.** Vous dites que vous allez finir ce travail ? J'en doute. **e.** Je me souviens que vous m'interrompiez souvent. **f.** Je ne souhaite pas qu'il prépare le programme de la fête. **g.** J'aimerais que vous alliez me chercher des cigarettes. **h.** Je vois que vous ne respectez rien. **i.** Je note que vous n'êtes jamais à l'heure. **j.** J'aimerais assez que vous me rendiez ma monnaie.

11. a. Il faudrait que vous alliez faire vos cours. **b.** Il a tous les défauts. **c.** Elle apprend la leçon de maths. **d.** À la fin. **e.** Je les défends. **f.** Ils me l'ont rendu(e). **g.** Il est né dans notre famille. **h.** Elle est arrivée à l'heure.

Unité 7

9. a. Je souhaite qu'elle(s) réussisse(nt). **b.** J'espère que les choses s'arrangeront. **c.** Ne vous inquiétez pas ! **d.** Sois tranquille ! **e.** Ils n'ont pas de chance, les pauvres ! **f.** N'aie pas peur ! **g.** L'espoir n'est plus permis… **h.** Les pires catastrophes sont à craindre. **i.** Ne t'inquiète pas ! **j.** Elle(s) souhaite(nt) qu'il(s) puisse(nt) marcher. **k.** Si ces projets pouvaient réussir…

10. a. Les clients sont contents : nos prix baissent. **b.** On peut le regretter, mais on constate la stabilité des prix. **c.** L'augmentation du chômage est nette ce mois-ci. **d.** On dirait que la température remonte… ah, non, pardon : finalement, elle est stable : 20° comme hier et avant-hier. **e.** On a constaté une diminution assez sensible de la consommation. **f.** Très forte baisse de l'euro, hier à Londres. **g.** Le niveau des élèves qui se présentent au baccalauréat reste stable. **h.** On note une sensible augmentation du nombre des étudiants qui entrent à l'université. **i.** Après une stabilité de plusieurs mois, l'inflation remonte. **j.** Le prix de l'essence avait l'air de redescendre. Eh bien, pas de chance, on vient de me dire qu'au contraire, on constate une légère augmentation…

11. a. La baisse n'est que de 0,16 %. **b.** L'inflation a baissé de 1,2 % l'année dernière et il est probable qu'elle baissera encore de 0,9 % cette année. **c.** On peut dire que l'évolution est située entre 17,5 et 18,7 %. **d.** L'augmentation est très peu sensible : 0,05 % : c'est presque de la stabilité. **e.** Cette nuit, la température est redescendue à moins 15°. **f.** Nous serions étonnés si la consommation augmentait de plus de 2,6 % cette année. **g.** Notre nouveau magasin a augmenté sa surface de 2 550 mètres carrés et compte 36 vendeurs de plus. **h.** En Europe, la pollution de l'air a baissé en 25 ans de plus de 36 %. **i.** On a constaté, en 10 ans, que le nombre des pauvres a augmenté de 13 %.

12. a. Vous ne voyez pas qu'il n'y a plus d'espoir ? **b.** Ça ne va pas si mal que ça, si on réfléchit bien, hein ? **c.** Les choses sont comme elles sont. Qu'est-ce qu'on peut y changer ? **d.** La vie est belle, non ? **e.** D'accord, c'est triste, mais il ne faut rien exagérer : demain est un autre jour… **f.** Moi, si vous voulez mon avis, on va bientôt connaître le pire. **g.** Il n'y a pas de quoi s'inquiéter, voyons ; ce n'est pas une catastrophe, quand même ! **h.** Dans la vie, il faut toujours espérer : tout s'arrangera, vous verrez ! **i.** Vous n'avez pas peur, avec tout ce qui se passe aujourd'hui ? Moi, si ! **j.** Soyez tranquille, ce n'est pas demain la veille qu'il y aura une catastrophe !

Unité 8

10. a. Ils admettent leur erreur. **b.** Tu avoues avoir menti ? **c.** Il(s) se demande(nt) où il(s) se trouve(nt). **d.** Les prix dépendent de l'activité industrielle. **e.** Il(s) consomme(nt) beaucoup. **f.** Elles perdent la mémoire. **g.** Il(s) se méfie(nt) de tout. **h.** Il faut qu'elle(s) soi(en)t très prudente(s). **i.** Ils m'ont dit qu'ils risqueraient quand même le destin de leur société dans cette affaire. **j.** On dit que la qualité des produits varierait beaucoup… C'est vrai ou non ?

11. a. Pardon, j'avoue que je me suis trompée : le résultat n'est pas de 6,8 %, mais de 8,6 %. Excusez-moi encore. **b.** Vous admettrez qu'il y a une erreur assez grave dans le compte de M. Durand : vous avez mis 770 euros, là où il fallait mettre 77 euros seulement ! **c.** Vous savez que la pollution de l'air est proportionnelle au nombre de voitures… eh bien, en 6 mois, nous avons eu une augmentation assez forte : de 10,2 à 13,3 %… moi, je trouve ça inquiétant, pas vous ? **d.** Nous pensions que la consommation varierait de 0,8 à 1,05 %, cette année. Elle a pourtant été de 1,15 % ! **e.** Tout dépend de la qualité des produits. On peut quand même prévoir une augmentation de 5 à 10 euros en moyenne. **f.** J'approuve entièrement votre projet qui reste dans la limite des 150 000 euros prévus.

12. a. – Faites attention où vous marchez ! / – Vive le progrès ! **b.** – Moi, je me méfie de toutes ces inventions ! / – Moi aussi. **c.** – Vous ne trouvez pas inquiétante la consommation d'alcool en Europe ? / – Si ! **d.** – Je ne sais même plus quand je suis né. Je perds la mémoire, pas vous ? / – Je vous approuve. **e.** – Le bruit dans cette rue est devenu pire qu'avant, vous ne trouvez pas ? / – Ah, ne m'en parlez pas… c'est terrible ! **f.** – L'ingénieur a dit qu'il viendrait à 15 heures. Vous pourriez le recevoir ? / – Tant pis ! **g.** – Moi, plus je travaille, plus j'ai envie de travailler. Pas vous ? / – Moi, c'est le contraire. **h.** – À mesure que le temps passe, je crois de moins en moins au progrès. Et vous, qu'est-ce que vous en pensez ? / – Moi, je ne risque rien.

Unité 9

9. a. Ça ne m'étonnerait pas que le temps se détériore. **b.** Il ne veut pas marchander. **c.** Je ne vais jamais en vacances au bord de la mer sauf si on m'offre la possibilité d'un hôtel confortable les pieds dans l'eau. **d.** On constate une progression du chômage. **e.** Les automobilistes doivent d'abord ralentir au feu orange pour pouvoir s'arrêter sans problème au carrefour. **f.** Vous faites vraiment une affaire en or ! **g.** Elle a dû avoir moins de deux accidents avec sa voiture en vingt ans. **h.** Je vous fais une réduction de 20 %, sauf si vous payez par carte bancaire ; sinon, je vous fais seulement

Transcription des enregistrements

15 %. **i.** En cas de panne, votre appareil ne sera réparé que si sa détérioration est due à un accident. **j.** En me débarrassant de ma vieille voiture, je me suis aperçu que je n'avais pas assez débattu du prix et que la bonne affaire, c'était l'acheteur qui la faisait et que moi, j'y perdais beaucoup.

10. « Oui, c'est une activité qui prend du temps. Mais quand on aime, on ne compte pas, n'est-ce pas ?! [*rire*] Enfin, moi, personnellement, ce n'est pas mon truc. Mon copain Rachid, lui, il adore ça. C'est une vraie passion. C'est aussi un jeu pour lui, je crois ; mais, comme tous les jeux, c'est très sérieux. Il commence par regarder sans rien dire ; ensuite il dit que le produit ou l'objet n'est pas d'assez bonne qualité pour le prix qu'on en demande. Il peut discuter ainsi pendant une heure ou deux. Il est très fort, car il perd rarement l'affaire. »

11. a. Ils disent en trouver au marché aux puces, mais j'en doute. **b.** En dix ans, ils n'ont pas fait une seule bonne affaire. **c.** En achetant trois CD, vous en avez un gratuit. **d.** Je trouve ça amusant. **e.** Je travaille en m'amusant. **f.** Il en manque encore une pour finir ma collection de petites voitures des années Trente. **g.** Je me demande si vous ne faites pas une erreur en n'achetant que les promotions. **h.** On le lui a dit cent fois, mais il s'en moque. **i.** Il n'achète rien sans marchander et il s'en vante. **j.** Il s'est arrêté chez moi en passant.

Unité 10

10. a. Merci pour ces jolies fleurs ! **b.** Comme c'est gentil de votre part ! **c.** Quelle idée d'habiter si loin… j'ai eu un mal fou à trouver votre coin, là ! **d.** On s'ennuie un peu, là. On ne pourrait pas parler d'autre chose ? **e.** C'est sympa de nous inviter ; mais il y quelque chose à manger chez vous, au moins ? **f.** Je vous aime bien, mais il n'est pas terrible votre vin, là. **g.** Non, merci : Une fois, ça suffit ! **h.** Si vous étiez un petit peu intelligent, vous comprendriez tout de suite ! **i.** Chaque fois que je viens chez vous, c'est un vrai plaisir. **j.** Comment faites-vous pour régaler les gens comme ça ? C'est absolument délicieux !

11. a. Il a l'air décidé. **b.** Je me suis ennuyé. **c.** J'ai dû mal compter. **d.** Je vais oser une question, si vous me permettez. **e.** C'est un plaisantin, vous savez. **f.** Je t'en prie.

12. – Elle aime bien recevoir ses amis. Elle les accueille elle-même quand ils sonnent à la porte. Elle a toujours un mot gentil pour eux. En plus, pour elle la cuisine est un art. Elle est intelligente, mais simple et agréable. Quand elle parle, elle est intéressante, jamais ennuyeuse.

Unité 11

10. Ex. : Il a demandé si le directeur était arrivé. **a.** Le journaliste voulait simplement savoir si, à mon avis, les habitants de cette banlieue étaient dérangés par les bruits de l'aéroport. **b.** Elle a répondu qu'on se vouvoyait depuis longtemps. **c.** Elle s'est demandée s'ils avaient pu parler à sa directrice. **d.** Il m'a demandé s'il pouvait me téléphoner demain. **e.** Ils nous ont demandé quand le projet serait prêt.

11. a. Entre eux deux, ça a été le vrai coup de foudre. **b.** Il est amoureux. **c.** Vous pouvez m'indiquer les raisons de votre décision ? **d.** C'est une excellente employée. **e.** Il s'est entièrement expliqué sur la question. **f.** Elle a eu une promotion intéressante. **g.** Ce n'est vraiment pas sérieux !

12. a. – Vous connaissez mon nouveau collègue ? / – Je crois l'avoir déjà rencontré, oui. **b.** – Qui a envoyé le courrier ? / – Il est à la poste. **c.** – Ça devient de plus en plus difficile de trouver de bons employés. / – Vous avez raison, Monsieur le directeur ! **d.** – La situation économique n'est pas très bonne. / – En effet, elle est même mauvaise. **e.** – Quelle explication pouvez-vous me donner ? / – Ça ne me préoccupe pas. **f.** – Vous partez à 4 heures, maintenant ?! Qu'est-ce qui vous prend ? / – Je m'occupe de tout. **g.** – Vous n'êtes pas préoccupé par la situation internationale ? / – Je ne prétends rien, moi. **h.** – Qu'est-ce que vous prétendez faire ? / – Pas avant la retraite ! **i.** – Quand pensez-vous avoir une promotion ? / – J'espère bien avant la retraite !

Unité 12

10. a. Comme c'est bizarre ! **b.** Qu'est-ce que c'est chic, alors ! **c.** Je suis absolument fauché ! **d.** C'est un drôle de mec ! **e.** Allez, on se fait la bise ? **f.** Ce n'est pas que j'ai honte, mais je suis très timide, vous savez. **g.** Je trouve cela assez irritant, si vous voulez mon avis. **h.** Je me suis finalement décidé à changer d'appartement. **i.** Pendant cette excellente soirée, nous avons bien ri. **j.** Vous venez, ou quoi ?

11. « Je ne suis pas riche, mais je ne me plains pas trop. Je suis fonctionnaire, alors, évidemment, je le reçois tous les mois. J'ai quand même de la chance, car j'ai cette garantie à laquelle personne ne peut toucher. Quand même, je trouve irritant que certains de mes collègues aient une promotion et pas moi. Enfin, pas encore… Mais eux, ils n'ont pas honte de se vanter. Il faudra que je me décide à aller voir mon chef. Après vingt ans passés ici, je pourrais changer de bureau et il pourrait m'augmenter de façon à ce que je gagne 5 à 10 % en plus… »

Unité 13

9. a. Je n'en ai vu qu'un. **b.** Ce sont les ordres. **c.** Il est suivi partout. **d.** L'enquête aurait dû avancer plus vite. **e.** Il paraît qu'il l'interrogera demain. **f.** Il n'y a aucun doute. **g.** Il n'y a pas plusieurs solutions, il n'y en a aucune. **h.** Il n'est pas de bonne humeur.

10. a. Il faut que vous finissiez ce rapport pour demain matin ! **b.** Je veux être tenu informé minute par minute ! **c.** Je

Transcription des enregistrements

n'accepterai aucune erreur de votre part ! **d.** J'aimerais que vous puissiez finir ce rapport pour demain matin… **e.** Il faut suivre ce type sans perdre une seconde ! **f.** Dites, hein ? Pas de blagues ! Vous me finissez ce rapport pour demain matin ! **g.** Je n'ai pas d'ordres à vous donner, mais il faudrait que ce rapport soit prêt pour la réunion de demain. **h.** Alors, ce rapport, c'est pour quand ? On en a besoin pour demain matin au plus tard !

11. a. J'en ai assez d'en recevoir. Moi aussi, un jour, j'en donnerai… si on me donne une promotion. **b.** Le commissaire en avait mis un devant l'immeuble ; un autre derrière et un autre encore au coin de la rue. Eh bien, aucun n'a vu le suspect sortir et maintenant, personne ne sait où il est ! **c.** Ça a l'air d'un accident. Mais il faut toujours se méfier. Je vais ouvrir une enquête pour vérifier si c'en est un ou autre chose. **d.** Il est assez souvent tranquille, mais il est très peuplé. Quelquefois, il suffit d'une rumeur mal contrôlée et on risque aussitôt la catastrophe parce que les policiers n'y sont pas assez nombreux, ni très aimés, il faut bien le dire…

Unité 14

10. a. Il est en train de travailler ; il ne faut pas le déranger. **b.** Il se méfiait des faits trop évidents. **c.** Il n'agissait jamais sans réfléchir longtemps. **d.** Personne ne connaît l'origine de ce bruit qui court. **e.** Le livre que je suis en train de lire est tellement intéressant que je suis obligé de le finir avant de faire autre chose. **f.** C'est bien pourquoi la consommation augmente en Europe. **g.** Ils se sentent si bien chez nous qu'ils ont du mal à partir. **h.** On n'a jamais raison d'être absent. **i.** Dès que vous serez parti, vous me le direz, n'est-ce pas ? **j.** Soit il vient, soit c'est moi qui y vais.

11. a. J'aurais terminé mon travail plus tôt, sans cet appel téléphonique. **b.** S'il avait su, il aurait agi autrement. **c.** J'espère que j'aurai convaincu notre client avant ce soir. **d.** Il paraît que vous l'auriez surpris en train de voler une vitrine, c'est vrai ? **e.** J'ai pensé que vous seriez prête plus tôt. **f.** Il serait prêt à tout, d'après la rumeur publique. **g.** Vous avez l'air fatigué : vous aurez sans doute fait trop d'efforts. **h.** Téléphonez-moi dans une heure. À ce moment-là, le projet aura avancé. **i.** Dans cette affaire, j'aurais agi comme vous, je crois. **j.** Dès que vous aurez accueilli les étudiants, vous me préviendrez, d'accord ?

12. « Il faut vraiment qu'on fasse beaucoup d'efforts pour me présenter les faits et les raisons. D'une part, j'ai besoin d'explications claires, et d'autre part, je veux avoir toute l'histoire du projet. Sans cela, il reste toujours un doute dans ma tête. Vous voyez, il faut que vous arriviez à me… »

Unité 15

12. Pour faire faire une carte d'identité, il faut donner quelques informations pratiques, comme son nom, son prénom, son adresse, quand et où on est né, c'est ça : la date et le…

Unité 16

10. a. Quatre photos couleurs pour mon passeport ! Il aurait fallu que vous me le *disiez* tout de suite ! **b.** Il faut savoir rester optimiste, malgré la pluie qui *commence* à tomber. **c.** Il faut absolument qu'on trouve deux ou trois solutions possibles, bien qu'il n'y *ait* qu'un seul problème. **d.** Même si le chômage *baisse*, la situation n'est pas très bonne. **e.** C'est moi qu'on interroge, alors que je *n'ai* aucune responsabilité dans cette affaire ! **f.** J'ai réfléchi et j'ai trouvé que la solution *était* extraordinairement simple. **g.** Il faudrait que vous *portiez* plainte. **h.** Bien que vous *respectiez* les limitations de vitesse, il faut que vous vous *méfiiez des* gendarmes. **i.** Même si vous *conduisez* bien, vous risquez une contravention au moment où vous vous y attendez le moins. **j.** Bien que je lui *dise* trente-six fois la même chose, il faut qu'il *fasse* le contraire !

Unité 17

11. a. Tu peux compter sur moi. **b.** Jurez-moi que c'est vrai ! **c.** Elle me rassure. **d.** J'ai senti la fumée. **e.** C'est le calme. **f.** Ils font l'impossible. **g.** Elles sont sauvées. **h.** Soyez sans souci.

12. a. Ça me faisait de la peine. **b.** J'ai beaucoup de sympathie pour elle. **c.** Je ne me sens pas bien. **d.** Je me fais du souci. **e.** Il s'affole pour un rien. **f.** Il m'en a donné sa parole. **g.** Il m'a dit qu'il me promettait qu'il le ferait. **h.** Je n'ai pas bon moral. **i.** L'assassin s'est fait prendre par la police. **j.** Je suis d'autant plus déprimé que je viens d'apprendre que je me suis ruiné à la Bourse.

Unité 18

11. a. Bonne fête ! **b.** Bon anniversaire ! **c.** Toutes mes félicitations ! **d.** Mes souhaits les meilleurs ! **e.** C'était une cérémonie agréable. **f.** Tous mes vœux ! **g.** L'environnement nous intéresse tous. **h.** Les élections municipales sont importantes cette année. **i.** Les dimanches sont des jours fériés, heureusement. **j.** Ce sont des militantes « écolos ».

12. a. Je ne me suis douté de rien. **b.** Évitez les pétitions ! **c.** Vous vous êtes ennuyée à l'inauguration de la piscine ? **d.** Mon rôle ? Permettre la discussion, voilà ! **e.** Ça ne signifie strictement rien ! **f.** Je ne signerai pas ce papier ! **g.** Élire une femme maire… pourquoi pas, en effet ? **h.** Vous méritez toutes nos félicitations ! **i.** Je ne doutais pas de ça. **j.** Impossible d'éviter cette question au conseil municipal !

CORRIGÉS ET SOLUTIONS

Unité 1

1. a. suivez ; **b.** habillez ; **c.** montrer ; **d.** m'intéresse ; **e.** mettre ; **f.** mets / mettras ; **g.** suit, fait ; **h.** est ; **i.** mets / mettez ; **j.** intéressé(e) ; **k.** s'habillaient ; **l.** montrées.

2. a-6 ; b-4 ; c-1 ; d-8 ; e-2 ; f-5 ; g-3 ; h-7.

3. a. celui où ; **b.** celle de ; **c.** celles qui ; **d.** ceux que, ceux où ; **e.** celui-ci, celui-là.

4. a. Qu'est-ce que ; **b.** Quel ; **c.** De quelle ; **d.** Quelle ; **e.** lequel ; **f.** Est-ce que (*facultatif*).

5. a-4 ; b-7 ; c-1 ; d-8 ; e-2 ; f-3 ; g-5 ; h-6.

7. a-2 ; b-3 ; c-1 ; d-3 ; e-1

8. a. lunettes, parfum ; **b.** nager, suivre ; **c.** montrer, essayer, apprendre ; **d.** chemisier, loisir.

Unité 2

1. a. ont déménagé ; **b.** fumiez ; **c.** vais louer / louerai ; **d.** ne vont pas protester / ne protesteront pas ; **e.** ai quittée ; **f.** supportes ; **g.** ont communiquée ; n'a pas mis.

2. Parce qu' ; à cause des ; grâce à / à cause de ; Car ; grâce à ; pareils ; différences ; la même chose ; ceux qu' ; plutôt ; ceux de.

4. Mots inutiles ou en trop : **a.** comme ; **b.** qu' ; **c.** Grâce à, parce que, rarement ; **d.** pareille, à la maison [« à la maison » et « chez moi » sont synonymes : on peut avoir l'un ou l'autre, mai pas les deux à la fois !] ; **e.** décider, regarder [comme pour la phrase « d », il faut décider entre « regarder » et « lire » – ici, synonymes, mais on ne peut pas avoir les deux !], réfléchir.

5. a. C'est absolument pareil / la même chose ; **b.** C'est la meilleure nouvelle de l'année ; **c.** Fermez la fenêtre, il fait froid ! ; **e.** Tant pis pour eux ! ; **f.** Elle a déjà trouvé un appartement.

6. Exemples d'énoncés possibles :

a. Pardon, monsieur / madame, vous savez si l'agence immobilière est près d'ici ?
b. Excusez-moi, monsieur / madame, je voudrais savoir où est l'agence immobilière, s'il vous plaît.
c. Monsieur / madame, vous pouvez me dire où est l'agence immobilière, s'il vous plaît ?
d. Dites-moi, où se trouve l'agence immobilière, s'il vous plaît ?
e. Excusez-moi, je peux vous demander où se trouve l'agence immobilière ?

7. a-4 ; b-8 ; c-1 ; d-6 ; e-2 ; f-7 ; g-3 ; h-5.

Unité 3

1. avez affirmé ; collectionniez ; vous vantiez ; posait ; croyais ; étais ; dois ; concerne ; étonne ; félicite ; devez ; réussi ; ne protesterez pas (n'allez pas protester) ; prends en photo.

2. Comme ; puisque ; Comme ; comme ; Comme ; puisqu' ; Comme ; Puisque ; comme ; Puisque ; comme ; Puisque ; Comme ; puisqu' ; comme.

3. si ; ce qui ; n' ; qu' ; où ; ce que ; que ; de ; d' ; si ; ce que.

5. a. Je déteste ça ; **b.** Je m'intéresse beaucoup à l'art ; **c.** Qu'est-ce que vous aimez ? / Qu'est-ce qui vous plaît ? ; **d.** Vous vous habillez comment, d'habitude ? ; **e.** Je pars ; **f.** C'est sûr ; **g.** Évidemment ; **h.** Je ne supporte pas ça.

6. a – 3 ; b – 2 ; c – 1 ; d – 2 ; e – 3 ; f – 3

Unité 4

1. a-6 ; b-3 ; c-8 ; d-1 ; e-7 ; f-2 ; g-5 ; h-4 ; i-9.

2. a. étais venue ; **b.** n'avais pas pris, était tombée en panne ; **c.** j'avais oublié ; **d.** n'y avais pas mis, n'avais pas eu le temps ; **e.** j'avais dû terminer ; **f.** j'avais donné.

4. Je l'avais acheté la veille… [Attention : « Vous me connaissez » reste au présent.]

5. a. la mienne ; **b.** le leur ; **c.** le sien ; **d.** le leur ; **e.** la mienne, la vôtre ; **f.** la tienne.

Unité 5

1. A. seras ; fera ; se mettra, criera ; jouerez ; cliqueront ; irai, prendrai. **B.** serais ; ferait ; se mettrait, crierait ; joueriez ; cliqueraient ; irais, prendrais.

2. a. Il devrait boire du thé / Si j'étais lui, je boirais du thé ; **b.** Vous devriez vous réveiller plus tôt / Si j'étais vous, je me réveillerais plus tôt ; **c.** Tu devrais prendre le train / Si j'étais toi, je prendrais le train ; **d.** Vous devriez faire attention / Si j'étais vous, je ferais attention.

4. courrait ; ferait ; ne boirait que ; mangerait ; dormirait ; ne resterait pas ; serait.

5. aurais ; deviendrais ; jouerait ; aurait ; voudrait ; trouverait ; partirais ; demanderaient ; irais ; pourrais ; prendrais ; serais ;

CORRIGÉS ET SOLUTIONS

Unité 6

1. a. Il faut qu'elle y réfléchisse ; **b.** Il faut qu'on y aille / il faut que nous y allions ; **c.** Il faut qu'on puisse le faire / que nous puissions le faire ; **d.** C'est une chose qu'il faut que vous sachiez ; **e.** Il faut que vous obéissiez sans discuter ; **f.** Il faut qu'ils soient sévères.

2. a. Nous devons partir maintenant ; **b.** Il faut qu'elle ait son bac cette année ; **c.** Je dois prendre le train (à cause de mon oncle) / Mon oncle dit qu'il faut que je prenne le train [... que je dois prendre le train.] ; **d.** Vous ne devriez pas écrire autant ; **e.** Nous devrions être prêts à 7 heures / Ce serait bien si nous étions prêts à 7 heures ; **f.** Tu devrais te souvenir / J'aimerais (bien) que tu te souviennes... ; **g.** Elle devrait suivre des leçons de maths / Je voudrais qu'elle suive des leçons de maths ; **h.** Nous devons interrompre la conférence.

4. a. Je ne suis pas du tout sûre que ça leur plaise ; **b.** Il n'est pas du tout sûr / évident qu'ils soient prêts à vendre (Je doute qu'ils soient prêts à vendre) ; **c.** Ça m'étonnerait que vous fassiez une erreur ; **d.** Ça m'étonnerait qu'elle ait demandé l'avis du chef ; **e.** Il est bien peu probable qu'on interdise l'entrée du magasin ; **f.** Il est très peu probable / il n'est pas vraisemblable qu'ils se plaignent.

6. a. Oui, elle la lui a traduite ; **b.** Oui, je le lui ai donné ; **c.** Oui, je la leur ai posée. / On la leur a posée. / Nous la leur avons posée. ; **d.** Oui, on la leur téléphone ; **e.** Oui, il va falloir qu'elle la leur explique. / elle va devoir la leur expliquer ; **f.** Oui, je la lui fait / Oui, nous allons la lui faire. / Oui, on va la lui faire.

7. a-7 ; b-3 ; c-6 ; d-1 ; e-4 ; f-2 ; g-8 ; h-5.

8. a. Non, ne me l'apportez pas ! ; **b.** Non, ne me le lis pas ! ; **c.** Non, ne me le racontez pas ! ; **d.** D'accord, expliquez-la leur ! ; **e.** D'accord, présente-les moi ! ; **f.** D'accord, faites-le leur !

Unité 7

1. a. Oui, je lui en pose / Nous lui en posons toujours ; **b.** Si, je t'en donne ; **c.** Oui, j'en ai pris ; **d.** Oui, il leur en apportait ; **e.** Oui, il leur en a interdit l'entrée / Il la leur a interdite ; **f.** Oui, elle lui en a créé.

2. a. Non, ne m'en apportez pas ! ; **b.** Non, ne m'en parlez pas ! ; **c.** Non, ne lui en demandez pas ! ; **d.** D'accord, donnez m'en ! ; **e.** D'accord, mets / mettez lui en ! ; **f.** D'accord, achète / achetez lui en !

4. a-5 ; b-4 ; c-1 ; d-6 ; e-3 ; f-2.

5. a. Il y a de quoi s'inquiéter ; **b.** Ça va mieux ; **c.** Tout est interdit / défendu ; **d.** Il y a quelqu'un. Tout le monde est là. (C'est plein de monde / de gens.) ; **e.** Son argent ? Il me l'a offert / donné ! ; **f.** Il s'étonne de tout.

6. a. une baisse ; **b.** une augmentation ; **c.** une diminution ; **d.** une obligation ; **e.** une interruption ; **f.** une défense ; **g.** un réveil ; **h.** un rêve ; **i.** un retour ; **j.** une communication ; **k.** une crainte ; **l.** un espoir.

8. – Quelle drôle d'époque, vous ne trouvez pas ? – Pourquoi dites-vous ça ? C'était mieux avant ? – Avant, c'était le bon temps ! – Vous dites ça parce que, avant, vous étiez jeune. – D'accord, mais de mon temps, on prenait le temps de vivre, justement – Mais tout est beaucoup plus confortable, maintenant. – Bah, peut-être, mais j'aimerais bien que la vie moderne me laisse le temps de rêver.

Unité 8

1. a. Il m'a dit / Il me disait qu'il n'admettrait pas... ; **b.** Vous m'avez dit / Vous me disiez que vous vous marieriez... ; **c.** J'étais sûre qu'on contrôlerait... ; **d.** Je savais que vous approuveriez... ; **e.** J'ai eu / J'avais l'intuition qu'ils ne se méfieraient pas... ; **f.** Je me suis toujours demandé(e) / Je me demandais toujours quand je me marierais.

2. a. admets ; **b.** avouera ; **c.** contrôle ; **d.** généralisent ; **e.** a perdu ; **f.** risquer ; **g.** dépendent / dépendront, varie.

3. a. Je reconnais / j'avoue que je me suis trompé(e) ; **b.** Faites très attention (à vous) ; **c.** Il m'est (absolument) indispensable ; **d.** On n'est jamais trop prudent ; **e.** Plus je deviens vieux / Plus je vieillis, plus je deviens méfiant / plus je me méfie.

5. a. en fonction ; **b.** à mesure qu' ; **c.** Plus..., plus... ; **d.** dépend de ; **e.** d'autant plus qu' ; **f.** Moins..., plus... ; **g.** de plus en plus [= pléonasme] ; **h.** À mesure que..., de moins en moins....

6. [a-4] ; b-1 ; c-6 ; d-2 ; e-5 ; f-3.

Unité 9

1. a. débarrasser ; **b.** débrouille ; **c.** indiquiez ; **d.** a perdu ; **e.** reculera ; **f.** suis régalée ; **g.** ai revendu ; **h.** vaut, vaut le coup ; **i.** se détériorer ; **j.** débattre.

2. a. ...en regardant TV5 et en écoutant RFI ; **b.** ...en sortant ; **c.** ...en accélérant ; **d.** En débattant ; **e.** ...en vous débarrassant ; **f.** ...en gardant.

4. En me rendant ; qu'en descendant ; en essayant ; en réussissant ; En criant ; en m'ouvrant ; en lui expliquant ; en croyant ; en me disant.

7. a-5 ; b-3 ; c-6 ; d-2 ; e-1 ; f-4.

Unité 10

1. a. accueillez ; **b.** ont du mal : **c.** plaisantez ; **d.** assoit / assied ; **e.** saluez ; **f.** sonnez ; **g.** oserais.

CORRIGÉS ET SOLUTIONS

7. a-2 ; b-2 ; c-3 ; d-3

8.
a. = caractère, prie, soirée ;
b. = genre, affaire ;
c. = sonner, couple, intelligent ;
d. = ennuyé, coup.

Unité 11

2. prétendiez / avez prétendu ; avaient augmenté ; a créé ; avez envoyé ; a séduits ; s'est méfié ; avait / a eu ; valait ; sommes ; n'avez fait ; fallait ; préveniez ; demandée ; partions ; étiez / avez été ; mettions ; démissionniez ; écoutons.

3. a-4 ; b-7 ; c-1 ; d-6 ; e-3 ; f-2 ; g-5.

6. Exemple pour « b » : – Qu'est-ce que vous dites ? – Je plaisante. – Mais enfin, je voudrais bien savoir ce que vous avez dit. – Je me suis demandé s'ils seraient là.

7. a. Qu'est-ce que ça veut dire ? ; **b.** Est-ce que tu vas créer ton entreprise ? / Est-ce que vous allez (Allez-vous) créer votre entreprise ? ; **c.** Comment est-ce que tu t'y prendras ? / Tu t'y prendras comment ? / Comment t'y prendras-tu ? / Comment vous y prendrez-vous ? / Vous vous y prendrez comment ? ; **d.** Pourquoi est-ce qu'on a ce résultat ? / Pourquoi a-t-on ce résultat ? ; **e.** Avez-vous réussi ? Est-ce que vous avez réussi ? / Est-ce que tu as réussi ? / As-tu réussi ?

8. a. Elle m'a demandé si je pouvais lui expliquer ; **b.** Elle m'a demandé ce qui me / nous préoccupait ; **c.** Elle m'a demandé si ce projet me séduisait ; **d.** Elle a voulu savoir quand je prévoyais de démissionner ; **e.** Elle m'a demandé / Elle a voulu savoir quand je prétendais prendre ma retraite.

Unité 12

1. a. décider à ; **b.** Tenez ; **c.** ayons ; **d.** vous décidiez à ; **e.** a ri ; **f.** je n'en reviens pas.

2. a. fassiez ; **b.** d'employer ; **c.** puissent ; **d.** ajouter ; **e.** d'arrêter ; **f.** offrions, fermions.

4. a-4 ; b-6 ; c-1 ; d-5 ; e-3 ; f-2.

7. a. pour laquelle ; **b.** lesquels ; **c.** duquel ; **d.** auxquels ; **e.** desquels ; **f.** sur lesquelles.

8. a. sur lesquelles, qui ; **b.** dont, sur lequel, dont, qu', pour laquelle ; **c.** que, qui, dont, qu', dont, qui, pour laquelle, que, auxquels.

9. a. dont ; **b.** sur lequel ; **c.** duquel (« genre » = masc.) ; **d.** dont ; **e.** auxquels ; **f.** dont.

Unité 13

1. a. aurait fallu ; **b.** serait ; **c.** s'accélérerait ; **d.** vaudrait ; **e.** ne serais pas venu ; **f.** aurais pu ; **g.** ne serait qu' / n'aurait été qu' ; **h.** aurait disparu.

3. a. ordre, quartier, comptoir ; **b.** absolu, inquiet, suivant ; **c.** concerner, dépendre, vérifier ; **d.** valise, citer, seconde.

5. a. La science recule ; **b.** Nous n'avons aucune possibilité de gagner ce marché ; **c.** Ça se trouve partout ; **d.** La nuit suivante, il avait disparu ; **e.** Vous avez tout à fait tort ; **f.** Je n'ai aucun doute.

7. a. Je n'en ai eu aucune ; **b.** Je n'en ai aucune ; **c.** Je n'en ai reçu aucun ; **d.** Il n'y en a aucune. / Aucune n'est la bonne ; **e.** Il n'en a proposé aucun ; **f.** Non, on n'en a aucune ; **g.** Non, elle n'en a arrêté aucun ; **h.** Non, il n'y en a aucune.

Unité 14

1. a. agissiez ; **b.** a été confirmé ; **c.** aurait (pas) volées ; **d.** étaient convaincu(e)s ; **e.** ont été surprises.

2. a-7 ; b-4 ; c-1 ; d-8 ; e-3 ; f-2 ; g-5 ; h-6.

3. a. aura fallu ; **b.** aura reçu ; **c.** ne se seront pas trompés ; **d.** aura été absent ; **e.** aurez oublié ; **f.** serez convaincu.

4. a-4 ; b-6 ; c-1 ; d-5 ; e-2 ; f-3.

6. Mots inutiles : **a.** la (ou « cette »), à cause de ; **b.** si bien, en fait ; **c.** Par conséquent (ou « donc »), par ailleurs, cependant ; **d.** qui s'accélère, d'améliorer.

8. a-3 ; b-2 ; c-2 ; d-3.

9. a. Il a toujours les pieds sur terre ; **b.** Elle s'est arrêtée de trembler ; **c.** Il y a tellement de dégâts que rien ne marche plus / que plus rien ne marche ; **d.** Vous avez tout à fait tort ; **e.** Ce projet est parfait / formidable ; **f.** Il se sera souvenu d'envoyer le document.

Unité 15

2. a-5 ; b-8 ; c-1 ; d-6 ; e-3 ; f-2 ; g-4 ; h-7.

3. a. Il est très malade ; **b.** Je n'ai mal nulle part ; **c.** Vous obtiendrez ça gratuitement ; **d.** Laissez-moi conclure en disant… ; **e.** C'est une grosse grippe ; **f.** J'ai fait traduire ce document.

5. a. aliment, document, médicament, règlement ; **b.** banlieue, cadeau, clé, avenir ; **c.** choix, lieu, bref.

6. a. Ça le rend fier ; **b.** Ça me rend fou ; **c.** Ça les rend ennuyeux ; **d.** Ça la rend / l'a rendue prudente ; **e.** Ça t'a rendue difficile ; **f.** Ça te rend ridicule.

8. a-2 ; b-3 ; c-1 ; d-3.

CORRIGÉS ET SOLUTIONS

Unité 16

1. accumule ; conduisais ; limitée ; tiens ; surveille ; fonctionnait ; assure ; déclarant ; dispensait ; enregistrer ; réclamer ; prié ; remplir ; informant ; adresser ; parvenir ; jugeais ; délivré.

2. a-5 ; b-8 ; c-1 ; d-6 ; e-3 ; f-2 ; g-7 ; h-4.

3. a.-5 ; b-1 ; c-6 ; d-3 ; e-2 ; f-4.

4. Même s' ; alors qu' ; bien qu' ; Malgré ; même s' ; alors que ; pourtant ; Contrairement à ; Au lieu de ; bien qu'.

5. a. vite ; **b.** excessif, excessive ; **c.** raisonnable ; **d.** lent, lente ; **e.** fou, folle ; **f.** certain, certaine ; **g.** chaud, chaude ; **h.** culturel, culturelle ; **i.** dangereux, dangereuse ; **j.** différent, différente ; **k.** économique ; **l.** heureux, heureuse ; **m.** difficile ; **n.** limité, limitée ; **o.** malheureux, malheureuse ; **p.** évident, évidente ; **q.** méfiant, méfiante ; **r.** préféré, préférée ; **s.** obligatoire ; **t.** prudent, prudente ; **u.** passionné, passionnée ; **v.** réduit, réduite ; **w.** utile ; **x.** regrettable ; **y.** nouveau, nouvelle ; **z.** possible.

9. Bien que ; même si ; malgré ; alors que ; bien que ; quand même ; pourtant ; contrairement à ; Au lieu de.

Unité 17

1. a. comptiez ; **b.** était désespérée ; **c.** Ne t'affole pas ; **d.** ne méritais pas ; **e.** promettiez.

6. a. infirmier, escalier, meurtre ; **b.** ambulance, parole, volonté, vérité, guerre, aide, action ; **c.** accident, concurrent, compétent, événement.

8. a. Vos billets ont été confirmés ; **b.** Il a menti ; **c.** Il n'a peur de rien / il ne craint rien / personne ; il n'a peur de rien ni de personne / il ne craint rien ni personne ; **d.** Elle s'énerve / s'affole très rarement ; **e.** Il est faible / il est d'un caractère faible / il a un caractère faible ; **f.** Il garde un calme extraordinaire / il garde son calme.

10. lieu ; hier après midi ; carrefour ; par ; trop vite ; pu ; celle de ; à ce moment ; ralentir ; garanti ; évacuer ; l'hôpital ; local ; blessés ; s'en sortent ; cet accident ; grave ; quand même ; genre ; dangereux ; cette année ; le courage ; indispensables ; la sécurité ; des feux.

Unité 18

1. a. ont conclu, étaient dûs ; **b.** aurait été évité, avaient respecté ; **c.** s'est fait élire ; **d.** n'avais pas respecté, savais, signifiait, ai eu honte ; me doutais (bien) me suis (bien) douté, ne plaisantaient pas, devrais.

2. a-6 ; b-4 ; c-1 ; e-2 ; f-7 ; g-3.

4. b. À cause ; **c.** parce que / car ; **d.** est due à ; **e.** provoque / permet ; **f.** La raison de.

5. a. Je ne sais pas ce qu'il fait ; **b.** Je ne peux pas lire ce que vous écrivez, là ; **c.** Vous pouvez m'expliquer ce dont vous vous doutez ? ; **d.** Vous me confirmez que c'est ce à quoi vous vous êtes intéressée ? ; **e.** Vous pouvez me raconter ce dont vous vous êtes aperçu tout à coup ?

7 Ce que ; Ce qui ; Ce dont ; Ce que ; Ce à quoi ; ce que ; ce qui ; ce qui ; ce dont ; ce que ; ce qui ; ce qui ; ce dont.

9. a-3 ; b-2 ; c-3 ; d-2.

LEXIQUE

L'unité où apparaît le mot pour la 1re fois est indiquée entre parenthèses.

Par exemple: (2) = Escales 1, unité 2 et (II,2) = Escales 2 unité 2.

Le signe * indique qu'il s'agit d'un mot argotique ou familier.

Les adjectifs sont suivis de leur terminaison au féminin (- signifie que le féminin est identique au masculin) et au pluriel pour les cas particuliers.

Les noms sont suivis de m. pour masculin et f. pour féminin et de la terminaison du pluriel si elle est particulière. Si le nom a une forme féminine, elle est indiquée ainsi: directeur m./f.: -trice

Les verbes sont suivis, entre tirets -2-, d'un numéro de renvoi à la conjugaison p. 156 du livre de l'élève (sauf pour les verbes réguliers en -er).

à {aller à} (3)
à {la télévision} (3)
abîmer (II,9)
abonné -e à (13)
absent -e (II,14)
absolu -e (II,13)
absolument (18)
accélération f. (II,9)
accélérer (II,9)
accent m. (5)
acceptation f. (II,15)
accepter (9)
accident m. (22)
accueillir -15- (II,10)
accumuler (II,16)
acheter -6- (12)
acheteur m./f.: -euse (II,9)
acteur m./f.: actrice (7)
action f. {Bourse} (II,17)
activité f. (13)
actuel -lle (II,15)
actuellement (II,15)
admettre -39- (II,8)
administratif -ive (15)
administration f. (II,15)
adorer (3)
adresse f. (6)
s'adresser à (II,16)
adulte m./f. (II,6)
aéroport m. (II,2)
affaire {bonne -} (II,9)
affaire f. (II,7)
affirmer (II,3)
s'affoler (II,17)
afin que (II,12)
âge m. (9)
agence f. (II,2)
agenda m. (10)
agir -11- (II,14)
agréable - (15)
agressif -ive (II,10)
agricole - (15)

agriculteur m./f.: -trice (7)
ah?! (1)
ahuri -e (II,12)
aide m. (II,17)
aider (21)
aigu -ë (5)
d'ailleurs (II,11)
aimer (3)
aîné -e (II,6)
ainsi (II,4)
air m. (12)
avoir l'air de (20)
ajouter (II,11)
alarme f. (II,16)
alcool m. (II,8)
aliment m. (18)
allemand -e (1)
aller -3- (2)
s'en aller -3- (II,3)
y aller -3- (16)
allez! (8)
allô! (2)
alors (6)
alors que (II,16)
alphabet m. (5)
ambulance f. (II,17)
amélioration f. (II,9)
améliorer (II,9)
américain -e (1)
ami m./f.: -e (9)
amour m. (II,2)
amoureux -euse (II,11)
amusant -e (4)
amuser (II,9)
an m. (9)
ancien -nne (15)
ancien m./f. -nne (II,18)
anglais -e (1)
année f. (12)
anniversaire m. (II,10)
annonce f. (II,2)

annulé -e (II,3)
annuler (II,17)
août m. (12)
s'apercevoir -18- {de/que} (II,5)
apostrophe f. (5)
appareil m. (21)
appareil photo m. (21)
appartement m. (22)
appeler -5- (19)
s'appeler -5- (1)
appétit m. (II,10)
apporter (18)
apprendre -36- (4)
approuver (II,8)
appuyer -9- (21)
après (10)
après {d'-} (16)
après que (II,10)
après-demain (12)
après-midi m. (10)
arabe - (4)
argent m. (21)
s'arranger - (8) (II,7)
arrêt m. (II,8)
arrêter (21)
arrêter {police} (II,13)
s'arrêter (II,4)
arrêter de (22)
en arrière (II,9)
arriver (14)
arriver {se passer} (22)
arriver à + inf. (II,4)
art m. (10)
article m. (II,7)
ascenseur m. (II,2)
assassin m. (II,17)
s'asseoir -23- (II,10)
assez (13)
*en avoir assez (18)
assis -e (22)
assister à (II,18)

association f. (II,16)
assurer que (II,16)
attendre -37- (10)
s'attendre à - 37 - (II,15)
attentat m. (II,17)
attention f. {faire - à} (II,1)
attestation f. (II,16)
attitude f. (II,10)
au fait (II,4)
au lieu de (II,16)
aucun/aucune (II,13)
au-dessous (20)
au-dessus (20)
augmentation f. (II,7)
augmenter (II,7)
aujourd'hui (10)
auparavant (II,13)
au revoir (0)
aussi (3)
aussi... que (15)
aussitôt que (II,10)
d'autant plus {...} que (II,8)
autant {de...} que (15)
automne m. (12)
automobile f. (II,7)
automobiliste m./f. (II,9)
autoriser à + inf. (II,6)
autoritaire -e (II,6)
autoroute f. (16)
auto-stop m. (II,2)
auto-stoppeur m.f./-euse (II,9)
autre - (4)
autrement (II,9)
autrichien -nne (1)
avancer -7- (II,13)
avant (10)
en avant (II,9)
avant que (II,10)
avant-dernier -ère (11)

87

Lexique

avant-hier (14)
avec (5)
avenir m. (II,7)
avenue f. (11)
avion m. (16)
avis m. {à votre -} (9)
avocat m.f./ -e (7)
avoir -2- (6)
* en avoir assez (II,2)
avoir mal (II,15)
avouer (II,8)
avril m. (12)

baccalauréat m. (14)
*bah ! (II,7)
se baigner (17)
baisse f. (II,7)
baisser (II,7)
balles (8)
bancaire - (21)
bande dessinée f. (6)
banlieue f. (II,2)
banque f. (7)
bar m. (11)
bateau -eaux m. (16)
bavard -e (II,10)
B.D. f. {bande dessinée} (6)
beau -elle -eaux (13)
faire beau (12)
beaucoup (3)
belge - (1)
*ben { = bien } (2)
besoin m. {avoir - de...} (12)
beurre m. (18)
bicyclette f. (14)
bien (2)
bien {confirmation} (4)
bien que (II,16)
bien sûr (4)
bientôt (12)
à bientôt (8)
bière f. (18)
billet m. (II,5)
billet de banque m. (21)
bise f. (II,10)
bizarre - (4)
blanc -che (17)
blesser (II,4)
bleu -e (17)
blond -e (20)
*bof ! m. (3)
boire -32- (18)
bois m. (20)
bon -nne (9)
bon ! (8)
bonheur m. (II,11)
bonjour (0)
bonsoir (1)
au bord de (15)
*bosser (22)
boulangerie f. (11)

*boulot m. (7)
Bourse f. (II,17)
bouteille f. (18)
boutique f. (II,9)
branche f. (7)
brancher (II,13)
*brancher (II,2)
bras m. (II,15)
bravo (II,2)
bref -ève (II,15)
brésilien -nne (1)
brouillard m. (17)
bruit m. (II,2)
bruit m. {= rumeur} (II,13)
brun -e (20)
budget m. (II,18)
bureau -eaux (22)
bureau de tabac m. (11)
bus m. (10)
but m. (II,12)

c'est (1)
ça (2)
*ça fait classe (II,12)
ça fait... que (22)
*ça me botte (16)
*ça me fait suer (II,12)
*ça va pas ! (21)
ça vous dirait de... (13)
ça y est (II,2)
cabine téléphonique f. (11)
cabinet {médical} m. (II,15)
cadeau -eaux m. (II,4)
café m. {= lieu} (11)
café m. {= boisson} (18)
calendrier m. (12)
calme - (22)
calme m. (II,17)
calmer {se -} (II,4)
calorie f. (18)
campagne f. (17)
canadien -nne (1)
canard m. (17)
candidat m.f.: -e (II,18)
capital -e, -aux (II,16)
capitale f. (15)
car (II,2)
caractère m. (II,10)
carré m. (20)
carrefour m. (11)
carte f. (16)
carte à jouer f. (3)
carte d'identité f. (II,15)
carte postale f. (17)
carte de séjour f. (II,16)
carton m. (20)
en cas de (II,9)
*casse-pied (II,10)
catastrophe f. (17)
cathédrale f. (15)
à cause de (22)
C.D. m. {= disque} (20)

ce sont (4)
cédille f. (5)
célèbre - (II,5)
célibataire - (14)
centaine f. (II,16)
centre m. 15
centre-ville m. (II,2)
cependant (II,14)
cérémonie f. (II,18)
certain -e (II,3)
certain -e (un - temps) (II,17)
certainement (II,17)
certains (II,7)
certitude f. (II,13)
c'est-à-dire (19)
*c'est pas de la tarte (18)
chacun/chacune (II,5)
chaleur f. (17)
chaleureux - euse (II,18)
chambre f. (16)
champignon m. (17)
chance f. (II,3)
change m. (8)
changer -8- (8)
changer -8- de... (12)
*chapeau ! (II,18)
chaque (13)
chaque fois que (II,10)
chat m. (II,4)
château -eaux m. (16)
chaud -e (12)
chauffeur (II,2)
chaussette f. (II,1)
chaussure f. (II,1)
chef m. (II,3)
chemin m. (16)
chemise f. (II,1)
chemisier f. (II,1)
cher -ère (16)
chercher (11)
cheval -aux m. (16)
cheveu -eux m. (20)
chez (7)
*chic - (17)
chien m. (17)
chiffre m. (II,7)
chimie f. (7)
chimique - (II,18)
chinois -e (1)
chocolat m. (18)
choisir -11- (14)
choix m. (22)
chômage m. (II,7)
chose f. (19)
*chouette - (II,2)
ciel m. (17)
cigarette f. (19)
*ciné m. (4)
cinéma m. (3)
circonflexe - (5)
circulation f. (II,2)
citer (II,13)

clair -e (20)
clair -e { = compréhensible} (19)
classer (II,13)
classique - (3)
clé f. (20)
cliché m. (II,1)
client m./f.: -e (II,2)
clientèle f. (II,15)
climat m. (II,2)
cliquer (21)
code m. (21)
au coin de (11)
en colère (II,4)
collection f. (15)
collectionner (II,3)
collectionneur m./ f.: -euse (II,3)
collègue m.f. (II,11)
combien (5)
comme (5)
comme {cause} (II,3)
commencer -7- (10)
comment (1)
commissaire m. (II,13)
commissariat m. (II,13)
commune f. (II,18)
communication f. (II,7)
communiquer (II,1)
comparer (15)
compétent -e (II,5)
complet -ète (16)
complètement (II,17)
complication f. (II,16)
compliqué -e (5)
comprendre -36- (4)
compte en banque m. (II,5)
compter (8)
compter sur (II,17)
comptoir (II,13)
en ce qui concerne (II,3)
concert m. (13)
conclure -33- (II,15)
concurrent m./f.: -e (II,9)
à condition de/ que (II,9)
conduire -30- (II,16)
conférence f. (14)
confiance f. (II,15)
confirmer (II,14)
confiture f. (18)
conflit m. (II,6)
confondre -38- (II,15)
confortable - (II,3)
connaître -41- (4)
conseil m. (16)
conseil municipal m. (II,18)
conseiller m./f.: -ère (16)
conséquence f. 17
par conséquent (II,14)
considérer (II,15)
consommateur m./f.: -trice (II,6)

LEXIQUE

consommation f. (II,7)
consommer (II,8)
constater (II,7)
consultation f. (II,15)
consulter (II,15)
construire -30 - (22)
contact m. {prendre -} (II,13)
content -e (13)
continuer (11)
au contraire (3)
contraire m. (II,3)
contrairement à (II,16)
contravention f. (II,16)
contre (II,12)
par contre (II,10)
contrôler (II,8)
convaincre -43- (II,14)
convenu (comme -) (II, 13)
conversation f. (II,15)
*cool - (II, 10)
coordonnée f. (6)
*copain m./f. : copine (9)
copie f. (II,12)
coréen -nne (1)
correct -e (II,12)
*costard m. (II,15)
côte f. (15)
à côté de (11)
se coucher (10)
couleur f. (17)
coup m. (II,10)
*coup de foudre m. (II,11)
*coup de fil m. (19)
*coup de téléphone m. (19)
couper (21)
couple m. (II,10)
courage m. (II,17)
courant -e (II,3)
courir -16- (14)
courrier m. (II,11)
cours (m. 9)
course f. (14)
courses f. pl. (22)
court -e (16)
cousin m./f. : -e (II,6)
couteau -eaux m. (21)
coûter (16)
couvert -e (17)
craindre -39- (II,7)
crainte f. (II,7)
cravate f. (II,1)
création f. (II,18)
créer (II,5)
*crevé -e (II,17)
crier (II,4)
crime m. (II,13)
croire -31- (18)
se croire (II,6)
cuir m. (20)
cuisine f. {= art} (II,3)
cuisine f. {= pièce} (II,2)

culture f. (10)
culturel -lle (14)
curieux -euse (16)
curriculum vitæ m. (14)

d'abord (11)
d'accord (8)
d'où (2)
dame f. (3)
danger m. (II,8)
dangereux -euse (II,8)
danois -e (1)
dans (7)
dans {temps} (12)
danse f. (3)
danser (3)
date f. (12)
de / d' {provenance} (2)
de plus (II,14)
débarrasser {se - de} (II,9)
débattre -40- (II,9)
se débrouiller (II,9)
début m. (II,10)
décembre m. (12)
décidé -e (II,10)
décider (22)
se décider à (II,12)
décision f. (22)
déclaration f. {d'amour} (II,5)
déclaration f. (II,16)
déclarer (II,16)
décrire -26- (20)
dedans (II,16)
défaut m. (II,6)
défendre -37- (II,6)
défense f. (II,18)
dégât m. (II,14)
degré m. (12)
déjà (7)
déjeuner (18)
déjeuner m. (18)
petit déjeuner m. (10)
délicieux -euse (II,10)
délivrer (II,16)
demain (4)
demander (11)
se demander (II,8)
déménager -8- (II,2)
demi (8)
demie (10)
démissionner (II,11)
dent f. (II,15)
dentiste m./f. (13)
départ m. (14)
se dépêcher (II,6)
ça dépend (10)
dépendre de -37- (II,8)
dépenser (II,5)
déposition f. (II,16)
déprimer (II,17)
depuis (22)

déranger -8- (19)
dernier -ère (11)
dernier (en -) (11)
l'an dernier (14)
derrière (11)
dès que (II,10)
descendre -37- (14)
désespérer (II,17)
désolé -e (1)
désordre m. (20)
dessert m. (II,10)
en dessous (de) (17)
destin m. (II,5)
détérioration f. (II,9)
détériorer (II,9)
détester (3)
devant (11)
devenir -12- (14)
deviner (19)
devoir -18- (8)
devoir -19 {probablement} (II,5)
dictionnaire m. (20)
différence f. (II,2)
différent -e (II,2)
difficile - (20)
difficulté f. (II,8)
dimanche m. (10)
diminuer (II,7)
diminution f. (II,7)
*dingue - (20)
dîner (18)
dîner m. (18)
diplôme m. (14)
on dirait que (20)
dire -25- (6)
ça veut dire (16)
directeur m./f. : -trice (II,7)
direction f. (16)
discothèque f. (3)
discours m. (II,18)
discussion f. (II,18)
discuter (II,4)
disparaître -41- (II,13)
dispenser (II,16)
dispute f. (II,4)
se disputer (II,4)
disque m. (19)
distance f. (16)
distrait -e (II,10)
distributeur m. (21)
dites ! (1)
divorcer -7-) (II,4)
document m. (II,14)
domestique m./f. (II,5)
domicile m. (II,16)
dommage (13)
donc (16)
donner (16)
donner sur (II,2)
*donner un coup de téléphone (19)

dormir -13- (10)
dos m. (II,14)
douche f. (II,2)
doute m. (II,3)
douter de (II,3)
se douter de (II,18)
*draguer (II,11)
se droguer (II,17)
droit m. (9)
à droite de (11)
drôle - de (17)
drôle - {= amusant} (II,5)
dû -e {être dû à} (II,18)
dur -e (7)
durer (10)
dynamique - (15)

eau eaux (18)
école f. (11)
*écolo (II,18)
économie f. (9)
économique - (II,11)
économiser (II,9)
écouter (3)
écran m. (20)
écrire -26- (12)
effet m. (II,14)
en effet (17)
effort m. (18)
égal -e, -aux (8)
ça m'est égal (II,1)
également (II,5)
église f. (11)
eh bien (1)
élection f. (II,18)
électronique - (21)
élégant -e (II,12)
élève m./f. (9)
élire - 28- (II,18)
émission f. (II,10)
émotion f. (II,14)
employé m./f. : -e (II,11)
employer -9- (II,12)
en {+ discipline} (9)
en {+ pays) (7)
en {+monnaie} (8)
en {pronom = de+ lieu} (12)
en {pronom} (18)
en bas (20)
en haut (20)
enchanté -e (1)
encore (13)
encore une fois (0)
énerver (21)
s'énerver (II,5)
enfant m./f. (3)
enfin (7)
ennuyé -e (II,10)
ennuyer (II,17)
s'ennuyer -9- (II,10)
ennuyeux -euse (5)
enquête f. (4)

89

Lexique

enquête f. (policière) (II,13)
enregistrer (II,16)
ensemble (12)
ensuite (11)
entendre -38- (19)
entièrement (II,8)
entre (10)
entrée f. (13)
entreprise f. (II,5)
entrer (14)
envie f. {avoir - de}(13)
environ m. (15)
environnement m. (II,18)
envoyer -10- (II,11)
épeler -5- (5)
époque f. (II,7)
équipe f. (14)
erreur f. (19)
escalier m. (II,17)
escargot m. (3)
espagnol -e (1)
*espèce de... ! (II,4)
espérer (II,7)
espoir m. (II,7)
essai m. (II,15)
essayer -9- (21)
essence f. (II,3)
est m. (15)
est-ce que (9)
et (1)
étage m. (II,2)
état m. {en bon -} (II,9)
été m. (12)
étonnant - e (II,11)
étonner (II,3)
s'étonner (II,7)
étranger -ère (1)
à l'étranger (7)
être -1- (1)
étude f. (9)
étudiant m./f.: -e (7)
étudier (9)
euh... (1)
européen -nne (1)
évacuer (II,17)
événement m. (II,7)
évidemment (II,3)
évidence f. (II,13)
évident -e (II,3)
éviter (II,18)
évolution f. (II,7)
exactement (18)
exagérer (22)
examen m. (II,15)
excellent -e (II,5)
excès m. (II,16)
excessif -ive (II,4)
excuse f. (II,4)
s'excuser (19)
excuser (II,12)
par exemple (II,3)
s'exercer -7- (19)

exercice m. (19)
exiger -8- (II,6)
expert m. -e (II,13)
explication f. (II,11)
expliquer (16)
s'expliquer (II,11)
exportation f. (II,14)
exposition f. (3)
exprès (II,6)
exprimer (II,8)
exquis -e (18)
extérieur {à l'- de} (20)
extraordinaire -e (14)
extraordinairement (II,4)

en face de (11)
facile - (22)
facilement (II,10)
de façon à (II,12)
de toute façon (II,11)
faible - (II,15)
faim f. (18)
faire -4- (4)
*se faire avoir (II,15)
faire beau (12)
faire son possible (II,17)
ça fait {le total} (5)
fait m. (II,7)
en fait (II,14)
familier -ère (II,12)
famille f. (6)
fatigant -e (7)
fatigue f. (II,14)
fatiguer (II,11)
fatiguer {se -} (21)
falloir {il faut} -17- (16)
*fauché -e (II,9)
faute f. (II,12)
faux -ausse (13)
favorable - (16)
favori -te (II,9)
fax m. (II,3)
félicitation f. (II,18)
féliciter (II,3)
femme f. (1)
femme f. {= épouse} (19)
femme au foyer f. (7)
fenêtre f. (II,2)
férié -e (II,18)
fermé -e (10)
fermer (II,2)
festival m. (14)
fête f. (13)
feu -eux m. (II,17)
feux m. pl. (11)
février m. (12)
*s'en ficher (II,4)
fier -ère (II,3)
fièvre f. (II,15)
fille f. (19)
fille au pair f. (7)
film m. (3)
fils m. (19)

fin f. (II,6)
finalement (22)
finir -11- (11)
finir (de) -11- (10)
finlandais -e (1)
fleur f. (II,7)
fleuve m. (15)
fois f. (13)
folie f. (II,3)
foncé -e (20)
en fonction de (II,8)
fonctionnaire m./f. (7)
fonctionner (II,16)
dans le fond (II,3)
football m. (4)
à force de (II,18)
*en forme (II,15)
forêt f. (16)
forme f. (20
formidable - (12)
formulaire m. (II,16)
fort -e (19)
fou -olle (17)
français -e (1)
frère m. (19)
*fringues (II,1)
froid -e (12)
fromage m. (18)
fruit m. (18)
fumée f. (II,17)
fumer (II,2)
futur m. (12)
futurologue m./f. (II,7)

gagner {un match} (14)
gai -e (II,10)
garantie f. (II,9)
garantir -11- (II,17)
garçon (de café) m. (II,5)
garçon m. (II,8)
garder (II,9)
*garder les pieds sur terre (II,5)
gare f. (10)
à gauche de (11)
gendarme m. (II,16)
général -e, -aux (II,15)
se généraliser (II,8)
génération f. (II,6)
genre m. (II,10)
gens m. pl. (13)
gentil -lle (13)
géographie f. (7)
glace f. {= miroir} (II,4)
gourmand -e (II,3)
gourmet m. (II,3)
goût m. (II,1)
goûter (18)
gouvernement m. (II,13)
grâce à (II,2)
gramme m. (18)
grand -e (11)
gratuit -e (II,9)

gratuitement (II,15)
grave {accent}(5)
grave - (II,2)
grec -ecque (1)
grève f. (II,3)
grippe f. (II,15)
gris -e (17)
gros -sse (20)
grossier -ère (II,12)
groupe m. (II,11)
guerre f. (II,17)
guide m. (16)

s'habiller (II,1)
habitant m./f.: -e (15)
habiter (6)
habitude f. {avoir l'-} (22)
d'habitude (22)
hasard m. (II,14)
par hasard (II,14)
hésitant -e (II,10)
hésiter (18)
heure f. (10)
heure (être à l'-) (II,6)
heureusement (II,4)
heureux -euse (1)
hier (14)
histoire f. (9)
historique - (15)
hiver m. (12)
homme m. (1)
honneur m. (II,16)
honte f. {avoir - de} (II,12)
hôpital -aux m. (II,15)
horaire m. (14)
horreur f. {avoir - de} (II,1)
hors de question (II,6)
hôtel m. (11)
hôtesse de l'air f. (II,12)
humeur f. (II,12)
humide - (17)
humour m. (10)
hurler (II,4)

ici (2)
idéal -e (II,5)
idée f. (18)
idiot -e (II,4)
illusion f. (II,14)
il y a (5)
il y a {temps} (14)
il y a... que (22)
imaginaire - (II,15)
imaginer (II,5)
s'imaginer (II,5)
imbécile - (II,4)
immédiatement (II,8)
immeuble m. (15)
immobilier (II,2)
impatient -e (II,10)
important -e (12)
impossible - (13)
impôt m. (II,16)

LEXIQUE

impression f. (II,15)
inadmissible - (II,2)
inauguration f. (II,18)
incendie m. (II,17)
incroyable - (16)
indicatif m. (8)
indigné -e (II,12)
indiquer (II,9)
indispensable - (II,8)
industriel -lle (15)
infirmier m./f.: -ère (II,17)
inflation f. (II,7)
informations f. pl. (3)
informatique f. (7)
informer (II,13)
ingénieur m./f. (7)
inquiet -ète (II,13)
inquiétant -e (II,8)
s'inquiéter (II,7)
s'inscrire -26- (14)
insister (18)
inspecteur m./f.: -trice (II,13)
instant m. (19)
pour l'instant (II,16)
instrument m. {de musique}(13)
insupportable - (II,2)
intelligent -e (II,5)
intention f.{avoir l'- de} (12)
interdire -25- (II,6)
intéressant -e (7)
intéresser (4)
s'intéresser à (II,1)
à l'intérieur de (20)
international -a, -aux (II,1)
interroger -8- (II,13)
interrompre -42- (II,6)
interruption f. (14)
interview (12)
interviewer (II,3)
intoxication f. (II,8)
intoxiqué -e (II,8)
intuition f. (II,5)
inutile - (21)
invention f. (II,8)
invitation f. (13)
invité m./f.: -e (II,5)
inviter (13)
irritant -e (II,12)
irrité -e (II,12)
italien -nne (1)

jaloux -se (II,11)
ne... jamais (13)
jambe f. (II,15)
jambon m. (18)
janvier m. (12)
japonais -e (1)
jardin m. (22)

jaune - (17)
jazz m. (9)
jeans m. pl. (II,1)
jeudi m. (10)
jeune - (3)
joli -e (15)
jouer (3)
jour m. (10)
ce jour-là (II,4)
journal -aux m. (3)
journaliste m./f. (7)
journée f. (8)
juger -8- {= trouver}(II,16)
juillet m. (12)
juin m. (12)
jupe f. (II,1)
jurer que (II,17)
jusqu'à (11)
jusqu'à ce que (II,10)
juste - (20)
justement (II,12)

kilo/kilogramme m. (18)
kilomètre m. (16)

là (5)
*là { = maintenant} (22)
là-bas (11)
lac m. (15)
laisser (19)
laissez-passer m. (II,15)
lait m. (18)
langue f. (4)
leçon f. (II,6)
lecture f. (II,1)
léger -ère (18)
le lendemain m. (20)
lent -e (II,7)
lentement (6)
lenteur f. (II,16)
lettre f. (II,6)
lettre f. {alphabet} (II,16)
se lever -6- (10)
librairie f. (19)
libre - (13)
lieu m. { = endroit} (II,15)
avoir lieu (14)
limitation f. (II,16)
limite f. (II,5)
limiter (II,16)
lire -27- (3)
liste f. (II,6)
lit m. (II,5)
litre m. (18)
livre m. (3)
local -e, - aux (II,14)
logement m. (II,2)
loin (11)
loisir m. (II,1)
long -ue (12)
longtemps (17)
lorsque (II,10)

lot m. (II,5)
loterie f. (II,5)
louer (II,2)
lourd -e (20)
loyer {II,2)
lundi m. (10)
lunettes f. pl. (20)
luxembourgeois -e (1)

machin m./Machin (19)
machine f. (21)
madame f. (2)
mademoiselle f. (2)
magasin m. (15)
magazine m. (13)
magnifique - (15)
mai m. (12)
main f. (II,15)
maintenant (6)
maire m. (II,18)
mairie f. (11)
mais (3)
maison f. (11)
maîtresse de maison f. (II,10)
majorité f. (II,18)
majuscule f. (5)
avoir mal à (II,15)
avoir du mal à (II,10)
mal (15)
malade m./f. (II,15)
malade - (II,15)
malgré (II,16)
malheur m. (II,17)
malheureusement (5)
malheureux -euse (7)
manger -8- (3)
manquer (II,9)
marchander (II,9)
marche f. (14)
bon marché (II,8)
marché m. (II,8)
marché aux puces m. (II,9)
marcher (14)
marcher {= fonctionner) (21)
mardi m. (10)
mari m. (19)
mariage m. (II,18)
marié -e (13)
se marier (II,8)
marocain -e (1)
marque f. (II,16)
*marrant -e (20)
*en avoir marre (22)
mars m. (12)
Mars {la planète) (II,14)
match m. (II,3)
matériel (II,13)
mathématiques m. pl. (9)
matière f. { = discipline} (9)

matière f. (20)
matin m. (10)
mauvais -e (9)
*mec m. (1)
médecin m. (7)
médecine f. (II,15)
médical -e -aux (II,15)
médicament m. (II,15)
méfiance f. (II,8)
méfiant -e (II,8)
se méfier de (II,8)
meilleur -e (15)
membre m. (II,15)
même - (17)
même {toi-} (10)
même - que (II,2)
même si (II,16)
mémoire f. (II,8)
menace f. (II,4)
mentir -13- (II,4)
menu m. (18)
mer f. (15)
merci (0)
mercredi m. (10)
*merde f. (II,12)
mère f. (19)
mériter (II,17)
message m. (19)
à mesure que (II,8)
métal -aux m. (20)
météo f. (17)
mètre carré m. (II,2)
métro m. (16)
mettre -39- (21)
se mettre -39- à + inf. (II,4)
se mettre -39- en colère (II,4)
mettre -39- {un vêtement} (II,1)
mettre - 39 {= donner} (II,7)
mettre -39- en marche (21)
meuble m. (II,4)
meurtre m. (II,17)
mexicain -ne (1)
midi m. (10)
mieux (15)
milieu m. {au - de} (II,10)
militant m. f.: e (II,18)
millier m. (II,16)
*minable - (II,4)
mince - (20)
eau minérale eaux -s f. (18)
minuit m. (10)
minuscule f. (5)
minute f. (10)
mode f. {à la -}(II,1)
mode d'emploi m. (21)
modèle m. (II,1)
moderne - (4)

91

Lexique

modeste - (II,3)
moins (-) (5)
au moins (II,9)
moins {de} que (15)
mois m. (12)
moment m. (7)
du monde m. (II,10)
monde m. (II,7)
monnaie f. (8)
monnaie f. {petite -} (II,6)
monsieur m. (2)
montagne f. (15)
monter (14)
montre f. (21)
montrer (II,1)
s'en moquer (II,4)
moral m. (II,17)
mort -e (II,17)
mot m. (II,4)
moteur m. (II,9)
moto f. (16)
moulin m. (II,15)
moyen -nne (II,1)
moyen m. (II,1)
en moyenne (18)
musée m. (3)
musique f. (3)

nager -8- (II,1)
naïf -ive (II,17)
*nana f. (1)
national -e, -aux (II,5)
nationalité f. (1)
nature f. (22)
né -e (9)
nécessaire - (II,1)
négatif -ive (II,2)
neige f. (12)
neiger -8- (12)
ne… jamais (13)
ne… ni… ni… (II,4)
ne… nulle part (II,4)
ne… pas (3)
ne… personne (13)
ne… plus (13)
ne… que (13)
ne… rien (13)
n'est-ce pas ? (11)
net -tte (II,7)
neuf -euve (20)
ne… ni… ni (II,4)
* avoir du nez (II,3)
n'importe (II,5)
niveau -eaux m. (9)
noir -e (17)
nom m. (2)
*nom de nom ! (5)
nombre m. (15)
nombreux -euse (II,2)
non (1)
non plus (13)
nord m. (15)
normal -e, -aux (12)

normalement (II,10)
noter (9)
nouveau -elle - eaux (14)
nouveau m./f. : nouvelle (II,13)
nouveauté f. (II,8)
nouvelle f. (II,2)
novembre m. (12)
nuageux -euse (17)
nuit f. (10)
nul -lle (II,13)
*nul -le {= mauvais} (7)
ne… nulle part (II,4)
numéro m. (6)

obéir -11- (II,6)
objet m. (20)
obligation f. (II,6)
obligatoire - (II,6)
obligé -e de (II,9)
obliger -8- à + inf. (II,4)
obsédé -e (II,3)
observer (II,10)
obtenir -12- (II,15)
d'occasion (II,9)
à l'occasion de (II,18)
occupé -e (13)
s'occuper de (II,11)
octobre m. (12)
œuf m. (18)
officiel -lle (II,13)
offre f. (II,15)
offrir -14- (II,8)
oncle m. (II,6)
opéra m. (3)
optimiste - (22)
or m. {métal} (II,9)
orage m. (17)
orange - {couleur} (17)
orchestre m. (14)
ordinateur m. (19)
ordonnance f. (II,15)
ordre m. (II,13)
origine f. (II,14)
oser (II,10)
ou (1)
où {relatif} (19)
ou bien… (II,14)
où ? (6)
*ouais (2)
oubli m. (II,15)
oublier (7)
ouest m. (15)
oui (1)
en outre (II,14)
ouvert -e (10)
ouvrir -14- (21)

pain m. (18)
panique f. (II,14)
*paniquer (II,17)
panne f. {en -} (II,3)
panorama m. (15)

pantalon m. (II,1)
papier m. (20)
papiers m. pl. (II,16)
par (13)
paradis m. (17)
par ailleurs (II,14)
paraître -41- (il paraît que) (II,13)
parapluie m. (21)
parc m. (15)
parce que (12)
par contre (II,10)
pardon ! (2)
pardon ? (1)
pareil -lle (II,2)
parents m. pl. (12)
*par exemple ! (16)
parfait -e (II,14)
parfum m. (II,1)
parking m. (II,16)
parler (4)
*tu parles ! (II,13)
parmi (II,7)
parole f. {donner sa -} (II,17)
* ma parole ! (II,12)
d'une part… / d'autre part (II,14)
de la part de (19)
ne… nulle part (II,4)
participer (14)
partie (II,4)
faire partie de (II,8)
partir -13- (8)
partout (II,13)
parvenir (faire -) (II,16)
ne… pas (3)
pas du tout (3)
pas encore (7)
passant m.f. : -e (II,9)
passeport m. (II,16)
passer (11)
passer {au tél.}(19)
passer {des vacances}(16)
se passer {=arriver} (20)
*passer un coup de fil (19)
passion f. (II,3)
passionné -e (II,3)
passionnément (4)
pâtes f. pl. (18)
patient -e (II,9)
patient m./ f. : -e (II,15)
patin à roulettes m. (14)
pause (10)
pauvre - (II,5)
*pauvre type m. (II,4)
payer -9- (8)
pays m. (5)
peine (ce n'est pas la -) (II,16)
peine f. (II,17)
peintre m. (16)

peinture f. (15)
pendant (14)
pendant que (22)
penser (9)
perdre -37- (II,8)
perdre -37- {de l'argent}(II,9)
père m. (19)
permettre -39- de (21)
se permettre -39- (II,6)
permis -e (II,16)
ne… personne (13)
personne f. (20)
personnel m. (II,15)
personnellement (II,7)
pessimiste - (22)
petit -e (11)
petit déjeuner m. (10)
pétition f. (II,18)
un peu (4)
peu de (18)
un peu de (18)
à peu près (8)
peuplé -e (15)
peur f. {avoir - de} (II,4)
peut-être (1)
pharmacie f. (11)
photo f. (21)
physique f. {= science} (9)
pièce f. {monnaie}(21)
pièce f. {de théâtre} (II,11)
pièce f. {salle} (II,2)
pied m. {garder les -s sur terre} (II,5)
à pied (16)
le pire (II,7)
pire - que (II,8)
piscine f. (II,18)
place f. {en ville} (11)
place f. (II,6)
plage f. (17)
plaindre -38- {se - } (22)
plaine f. (15)
plaire -27- (7)
plaisanter (II,10)
plaisantin m. (II,10)
plaisir m. (13)
s'il vous plaît (0)
plastique m. (20)
plein -e (II,5)
pleuvoir -24- (12)
pluie f. (12)
la plupart de/des) (15)
plus {+} (5)
de plus en (II,8)
en plus (II,16)
ne… plus (13)
plus… (de) que (15)
de plus (II,14)
plusieurs (14)
plutôt (18)

LEXIQUE

poche f. (II,16)
poison f. (II,6)
poisson m. (18)
poli -e (II,10)
police f. (II,13)
policier m./f : -ère (II,13)
polluer (II,8)
pollution f. (22)
polonais -e (1)
pomme de terre f. (18)
pompier m. (II,17)
pont m. (11)
populaire - (14)
portable m. (9)
portable - (9)
porte f. (II,10)
portefeuille m. (II,16)
porter (20)
porter plainte (II,16)
se porter (santé) (II,15)
portugais -e (1)
poser {une question} (9)
poser {un problème} (II,3)
positif -ive (II,2)
posséder (II,5)
possibilité f. (22)
possible - (13)
faire son possible - 4- (II,17)
poste f. (11)
pour + inf. (8)
pour (4)
pour que (II,12)
pourquoi (4)
pourtant (II,7)
pourvu que… (II,7)
pouvoir -20- (6)
n'en plus pouvoir -21- (22)
pratique - (21)
précédent -e (II,13)
précision f. (II,11)
préféré -e (6)
préférence f. (II,4)
préférer (4)
premier -ère (11)
premièrement (11)
prendre -36- (10)
prendre en photo -36- (II,3)
prendre (qu'est-ce qui lui prend ?) (II,11)
prénom m. (2)
préoccuper (II,11)
préparer (II,6)
près (11)
à peu près (8)
présentation f. (II,15)
présenter (4)
présenter {se} (19)
presque (13)
pressé -e (II,10)
prêt -e (II,5)

prêter (II,17)
prétendre -37- (II,11)
prétentieux -euse (II,10)
prévenir -12- (II,11)
prévenir que -12- (II,4)
prévoir -22- (II,7)
je vous en prie (II,10)
prier (II,16)
prière de + inf. (II,16)
printemps m. (12)
en privé (II,4)
prix m. (II,2)
probable - (II,5)
probablement (II,3)
problème m. (9)
prochain -e (12)
produit m. (II,8)
profession f. (7)
professionnel -lle (II,11)
profiter de (II,18)
programme m. (14)
progrès m. (II,8)
progresser (II,9)
progression f. (II,9)
projet m. (12)
promenade f. (17)
promesse f. (II,17)
promettre -39- (II,17)
promotion f. (II,9)
promotion f. {= avancement}(II,11)
prononcer -7- (II,10)
proportionnel -lle (II,8)
à propos (II,7)
proposer (9)
protestation f. (II,16)
protester (II,2)
provoquer (II,14)
prudence f. (II,8)
prudent -e (II,8)
psychologie f. (9)
psychologue m./f. (II,11)
public -que (II,13)
public m. (II,16)
en public (II,4)
publicité f. (3)
puisque (II,3)
pull m. (II,1)

qu'est-ce que… ? (4)
qu'est-ce qui… ? (4)
qualité f. (II,6)
quand ? (10)
quand (12)
quand même (II,7)
quart m. (10)
quartier m. (II,2)
ne… que (13)
que {relatif} (19)
quel - (le) (2)
quelqu'un (13)
quelque chose (13)
quelque part (II,15)

quelquefois (13)
quelques (10)
question f. (10)
questionnaire m. (13)
qui {relatif} (19)
qui est-ce ? (4)
qui ? (4)
quitter (II,2)
ne quittez pas {au téléphone}(5)
quoi ? (8)

raconter (19)
*raconter des salades (18)
radio f. (3)
raison f. (II,11)
avoir raison (II,6)
raisonnable - (II,16)
ralentir -11- (II,9)
ralentissement m. (II,9)
*râler (II,14)
ramasser (17)
rapidement (16)
se rappeler -5- (22)
rapport m. (II,13)
rare - (II,3)
rarement (13)
*ras le bol (II,2)
rassurer (II, 7)
rater {- le bus} (II,5)
rattraper (II,17)
en réalité (II,8)
recevoir -18- (II,3)
réclamer (II,16)
recommander (18)
recommencer -7- (II,5)
réconforter (II,17)
reconnaître -41- (19)
rectangle m. (20)
recul m. (II,9)
reculer (II,9)
redescendre -37- (II,7)
réduction f. (II,6)
réduit -e (II,9)
réfléchir -11- (17)
réfrigérateur m. (II,5)
refuser (13)
se régaler (II,9)
regarder (3)
région f. (15)
règlement m. (II,15)
regret m. (22)
regrettable - (II,2)
regretter (19)
se réjouir -11- (22)
religieux -euse (II,18)
rembourser (II,9)
remercier (11)
remonter (II,7)
remplir -11- (II,16)
rencontre f. (II,4)
rencontrer (13)
rendez-vous (m. 13)

rendre -37- (II,6)
rendre -37- { = faire devenir} (II,15)
se rendre compte (II,7)
renseignement m. (8)
rentrer (14)
réparer (II,9)
repartir -13- (22)
repas m. (18)
répéter (6)
répondeur m. (21)
répondre -37- (10)
réponse f. (II,5)
reportage m. (3)
se reposer (12)
reprendre -36- (18)
réserver (16)
respecter (II,6)
responsabilité f. (II,16)
ressembler à (20)
ressentir -13- (II,15)
ressortir -13- (II,9)
restaurant m. (3)
*restau/resto (5)
reste m. (II,4)
rester (12)
résultat m. (II,5)
retard m. {en -} (II,2)
retirer (21)
retour m. (14)
retourner (14)
retraite f. (II,11)
retrouver (II,13)
se retrouver (13)
réunion f. (II,10)
réussir -11- (II,3)
rêve m. (II,5)
réveil m. (20)
réveiller {se -} (II,5)
revendre - 37- (II,9)
revenir -12- (22)
*j'en reviens pas (II,12)
rêver (II,5)
revoir -22- (II,4)
revue f. (II,5)
rhume m. (II,15)
riche - (II,12)
richesse f. (II,12)
ridicule (II,11)
ne… rien (13)
rire -29- (II,12)
risque m. (II,8)
risquer (II,8)
robe f. (II,1)
robot m. (II,5)
rôle m. (II,7)
roller m. (14)
rond -e (20)
rouge - (17)
*rouspéter (II,14)
route f. (16)
rugby m. (II, 17)
rue f. (6)

93

Lexique

ruiner (II,17)
rumeur f. (II,13)
russe - (1)

sac m. (20)
saison f. (12)
salade f. (18)
salaire m. (II,12)
salle à manger f. (II,2)
salle de bain f. (II,2)
salle de séjour (II,2)
salon m. (II,2)
saluer (II,10)
salut (9)
salutations pl. (II,16)
samedi (10)
sandwich m. (18)
sans (12)
*sans blague (20)
sans-gêne (II,10)
santé f. (18)
satellite m. (II,8)
sauf {si} (II,9)
sauver (II,17)
savoir -21- (7)
savoir-vivre m. (II,10)
scandaleux -euse (II,2)
scène de ménage f. (II,4)
science f. (II,8)
sciences pl. (9)
sec / sèche (17)
seconde f. (II,13)
secours (II,17)
secret m. (II,3)
secrétaire m./f. (7)
sécurité sociale f. (II,16)
séduire -31- (II,11)
séjour m. (II,2)
selon (II,1)
semaine f. (10)
sembler {il me semble que} (II,3)
sensible (II,7)
sentimental -e -aux (II,11)
sentir -13- (II,17)
se sentir -13- (II,15)
septembre m. (12)
sérieux -euse (9)
serrer (II,17)
service (public) m. (II,16)
servir à -13- (21)
seul -e (15)
seulement (4)
sévère- (II,6)
si {≈ oui} (3)
si (condition) (16)
si bien que... (II,14)
si... que... (II,14)
siècle m. (15)
sieste f. (10)
signer (II,18)
signifier (II,18)

s'il vous plaît (0)
silence m. (II,5)
simple - (21)
simple - {pour une personne} (II,10)
simplement (21)
sincère - (II,16)
sinon (II,7)
site m. (II,16)
situation f. (II,11)
situé -e (15)
ski m. (17)
snob - -s (II,12)
société f. (= entreprise) (II,8)
sœur f. (19)
soif f. {avoir -}(18)
se soigner (II,15)
soin m. (II,15)
soir m. (10)
soirée f. (II,10)
soit... (II,14)
soldes f. pl. (II,9)
soleil m. (12)
solution f. (II,13)
sondage m. (II,5)
sonner (II,10)
sorte f. (20)
sortir -13- (10)
s'en sortir -13- (II,17)
souci m. (II,17)
souhait (II,18)
souhaiter (II,6)
source f. (II,13)
sourire -29- m. (II,17)
souris f. {informatique} (21)
sous (20)
se souvenir de -12- (II,4)
souvent (13)
spécialité f. (18)
spectacle m. (II,1)
spectateur m./f. : -trice (14)
sport m. (3)
sportif -ive (14)
stabilité f. (II,7)
stable - (II,7)
station f. {de bus, métro} (II,2)
statistique f. (II,5)
stress m. (II,18)
stressé -e (II,10)
strictement (II,6)
stupide - (II,1)
stylo m. (20)
succès m. (14)
sud m. (15)
suédois -e (1)
suffire -28- de (21)
suisse - (1)
suivant -e (II,13)
suivre -34- (11)

suivre -34- {= comprendre} (16)
suivre -34- {la mode} (II,1)
suivre -34- {un conseil} (18)
*super - (12)
*super = très (20)
supermarché m. (II,18)
supporter (II,2)
supposer (II,5)
supprimer (II,8)
sûr -e (10)
sur (11)
sûrement (II,3)
surface f. (II,2)
surprendre -36- (II,14)
surpris -e (16)
surprise f. (II,10)
surtout (II,5)
surveiller (II,16)
suspect m. f. : -e (II,13)
s'y faire -4- (II,17)
*sympa - (20)
sympathie f. (II,17)
sympathique - (15)
système m. (II,13)

table f. (20)
tâcher de (II,17)
tactique f. (II,17)
taille f. (II,1)
tant mieux (II,2)
tant pis (II,2)
tante f. (II,6)
taper (21)
tard (10)
tarte f. (18)
*un tas de (II,16)
taxi m. (11)
*tchao (= ciao) (9)
technologie f. (II,8)
tee-shirt m. (II,1)
téléphone m. (5)
téléphoner (8)
télévision f. (3)
tellement (II,14)
température f. (17)
combien de temps (10)
temps m. {météo} (12)
tout le temps (II,6)
tendresse f. (II,6)
tenir -12- (II,12)
tenir compte de -12- (II,16)
tenir informé -12- (II,13)
*tenir la jambe (II,10)
tennis m. (4)
se terminer (II,4)
terrible - (12)
test m. (II,3)
tête f. (II,4)
texte m. (II,14)

thé m. (18)
théâtre m. (3)
thermomètre m. (17)
ticket m. (21)
tiens ! (2)
timbre m. (II,6)
timide - (II,10)
titre m. (II,11)
tomber (14)
tonne f. (II,16)
tort m. {avoir -} (II,13)
tôt (10)
touche f. (21)
toujours (11)
touriste m./f. (16)
touristique - (15)
tourner (11)
tourner en rond (II,13)
tous les... (10)
tout (13)
tout à coup (II,13)
tout à fait (II,8)
tout à l'heure (12)
tout de suite (II,2)
tout droit (11)
tout le monde (13)
traducteur m. f. : -trice (II,15)
traduire -30- (19)
train m. (16)
en train de (II,14)
trait d'union m. (5)
tranquille - (15)
transparent -e (20)
transport m. (II,2)
travail m. (7)
travailler (7)
traverser (11)
tremblement de terre m. (II,14)
trembler (II,14)
très (1)
triangle m. (20)
triste - (15)
se tromper (21)
se tromper de (II,5)
trop (18)
trouver (15)
trouver (que) (II,4)
se trouver (15)
*truc m. (6)
turc -turque (1)
tutoyer -9- (9)
*type m. (II,5)
université f. (14)
usine f. (7)
utile - (21)
utilisation f. (II,9)
utiliser (21)
vacances f. pl. (12)
*vachement (II,1)
valise f. (II,13)
vallée f. (15)

valoir -17- (II,9)
*valoir le coup -17- (II,9)
vantard -e (II,15)
se vanter (II,3)
variation f. (II,8)
varier (II,8)
variétés f. pl. (3)
il vaut mieux + inf.
  (valoir -17-) (16)
la veille (20)
vélo m. (16)
vendeur m./ f.: -euse (20)
vendre -37- (20)
vendredi m. (10)
venir -12- (2)
venir -12- de + inf. (20)
vent m. (12)
vente f. (II,9)
ventre m. (II,15)
vérifier (II,13)

vérité f. (II,17)
verre m. (18)
verre m. (matière) (20)
vers (10)
vert -e (17)
veste f. (II,1)
vêtement m. (20)
veuillez (II,16)
ça veut dire (16)
viande f. (18)
victime f. (II,13)
vidéo f. (II,17)
vider (II,9)
vie f. (7)
vieillir -11- (II,8)
vieux / vieille (9)
village m. (11)
ville f. (6)
vin m. (18)
violet -tte (17)

virgule f. (8)
visiter (3)
vite (19)
vitesse f. (II,16)
vitrine f. (II,5)
vive… ! (II,8)
vivre -35- (22)
vœux m. pl. (II,18)
voici (II,7)
voilà (8)
voir -22- (11)
voisin m. f.: -e (16)
voiture f. (6)
vol (II, 16)
volant m. {au volant de}
  (II,5)
voler (II,14)
voleur m./ f.: -euse (II,17)
volonté f. (II,17) f.
volontiers (13)

vote m. (II,18)
vouloir -19- (7)
vouvoyer -9- (9)
voyage m. (3)
voyager -9- (3)
vrai -e (15)
vraiment (9)
vraisemblable - (II,5)
vue f. (II,2)
vulgaire - (II,4)

WC m. (II,2)
week-end m. (10)

y (12)
yaourt/yogourt m. (18)
yeux m. pl. (20)

zone f. (II,18)
*zut (21)

Crédit photos
– 6 : HG, HOA-QUI / E. Valentin ; HD, HOA-QUI / Z. Lenz ; BG, HOA-QUI / Henriett – 9 : HOA-QUI / M. Renaudeau – 14 : PIX / Markewitz – 17 : HOA-QUI / B. Machet ; Z. Eja – 21 : GAMMA – 51 : Gamma / Ducasse – 58 : JERRICAN / Thomas – 67 : JERRICAN / Lerosey.